부모의 말투는
아이의 감정이 된다

부모의 말투는 아이의 감정이 된다

1판 1쇄 발행 2025년 8월 11일
1판 2쇄 발행 2025년 9월 10일
저자 우치다 겐지 (内田賢司)
역자 오현숙
출판사 퍼스트 페이지
디자인편집 최선호
교정·교열 명은심
전자우편 boyeb@naver.com

ISBN 979-11-993400-0-8

• 책값은 뒤표지에 적혀 있습니다.
• 본서의 내용을 무단 복제하는 것은 저작권법에 의해 금지되어 있습니다.

부모의 말투는
아이의 감정이 된다

엄마는 아이에게 '전달하고 있다'고
생각할지 모르지만,
명령형으로는 부모의 생각을
아이에게 '강요하고 있을' 뿐이다.

명령형이 아니라,
아이에게 권유하듯이
말해 보면 아이의 반응은
크게 달라진다.

시작하며

아이를 키운다는 게
쉬운 일이 아니다.

아이를 키운다는 게 쉬운 일이 아니다.

매일 밥해 먹이고, 목욕시키고, 그뿐인가? 도시락 준비에 학교 준비물을 챙기고 숙제검사까지…….

겨우 재워 아침에 학교에 보내고 한숨 돌릴라 치면, 바로 빨래와 청소 등 집안일이 기다린다.

할 일이 산더미라 도무지 내 자신을 위한 일까지 손이 뻗치지 않는다. 아마도 이런 바쁜 나날을 보내고 있는 엄마들이 대부분일 것이다.

그런데 정작 아이는 그런 부모가 처한 상황 따위는 개의치 않고 제멋대로 행동한다. 몇 번을 말해도 말을 듣지 않는 아이 때문에 화가 치밀어오를 때도 있을 것이다. 욱해서 그만 아이에게 짜증을 내며 주의를 주기 일쑤고 야단치는 목소리도 험악해지기 쉽다.

"몇 번을 말해야 알아듣니?"
"그만하라고 했지!"

아무리 강하게 말해도 다음 날 똑같은 일이 되풀이된다.
 우리 애는 왜 이렇게 말을 안 듣지? 이렇게 말을 안 듣는 건 성격이 나빠서일까, 아니면 이해력이 떨어지는 '모자란 아이'라서 그런 걸까 하는 생각까지 들기도 할 것이다.

그러나 잠깐 흥분을 가라앉히고 주위를 둘러보자. 아이를 꾸짖거나 호통 치는 부모는 나만이 아니다. 의외로 많다고 느낄 것이다. 다들 그러니까 안심해도 된다는 말은 아니다. 그만큼 부모가 하는 말이 아이에게 전해지기 어렵다는 말이다.

아이가 말을 듣지 않는 것은 어쩌면 부모의 대화방법이 좋지 않기 때문일 수도 있다. 우선은 '자신이 말하고 싶은 것이 아이에게 제대로 전달되지 않는' 현실을 인식하고 어떻게 하면 잘 전할까를 생각해 보기 바란다.

아이가 말을 듣지 않을 경우, 대부분의 부모는 그 원인을 생각하려 하지 않고 조바심을 낸다. 그리고 더 강하게 야단치거나 더 엄하게 벌을 주는 등 더 심하게 대응하기 쉽다.

부모는 아이를 위해서 야단친다고 생각할지 모르지만, 부모 자신을 위해 야단치는 경우가 대부분이다.

예를 들면, 옷에 음식물을 흘린 아이에게 "뭐하는 거야! 방금 갈아입었는데 또 빨래해야 되잖아!", 아침에 등교 준비를 하는 아이에게 "빨리 좀 해! 꾸물대다 늦잖아!"라고 야단치는 것이 정말 아이를 위해 하는 말일까?

실제로는 옷을 또 갈아입혀야 하고 빨래를 또 해야 하는 번거로움 때문에 화가 나고 아이가 늦음으로써 '야무지지 못한 부모' 소리를 듣는 것이 싫어서, 순전히 부모 자신의 입장에서 아이를 야단치고 있는 것이다.

내 아이가 밝고 건강하고 자신감 있게 자라기를 바라는 것은 나 또한 부모의 한 사람으로서 동감한다. 그러나 바로 그 부모가 아이의 건강한 성장을 방해할 가능성도 있다.

나는 부모들이 어느샌가 자신의 편의를 위해 아이를 야단치고 시키는 대로 따르게 하려 했음을 깨닫고, 부모의 말투와 사고방식을 아이의 성장에 도움이 되는 방향으로 고칠 수 있도록 돕기 위해 이 책을 쓰게 되었다.

고쳐나가는 과정에서 여러분이 평소 아이에게 던지는 말이 극단적으로 짧지 않은지, 반대로 너무 길지 않은지, 자신의 의사 전달 방식을 꼭 되돌아보기 바란다. 그럴 때 하나의 기준이 되는 것이 '1분'이라는 시간이다. 1분은 바쁜 부모가 낼 수 있는 시간이자 아이가 이해할 수 있는 시간으로 의식해야 할 중요한 골든타임이다. 1분 안에 부모의 생각을 전달할 수 있는 대화의 비결이 이 책 곳곳에 담겨 있다.

부모의 의사를 아이에게 분명히 전달함으로써 원활한 소통을 통해 소중한 아이와 원만한 관계를 쌓기를 바라는 바이다.

차례

1

아이에게 잘 전달되지 않는 것은 잘못된 표현 탓 _16

아이에게 해서는 안 될 4가지 말

1. 부모의 의견을 강요하는 말 _20
   "~해"라는 명령형 말투
2. 칭찬의 가치를 저하시키는 말 _31
   "대단해" "훌륭해"라는 과잉 칭찬
3. 그릇된 동기부여를 일으키는 말 _43
   "~하면 ~해줄게"라는 조건 제시
4. 아이의 마음을 닫게 하는 말 _48
   "됐으니까"라고 자르는 말

말하고 싶은 것은 1분 안에! _59

아이가 이해하기 쉬운 3가지 전달방법

1. '이미지'를 적절하게 사용한다 _62
2. 지시할 때는 명확하게 전달한다 _77
3. '단계적 화법'으로 차근차근 이해시킨다 _83

아이의 마음을 열어주는 부모의 말투 _90

'전달하는 힘'은 '듣는 힘'으로부터

1. 아이 말을 가장 잘 들어주는 사람이 되자 _92
2. 아이는 부모를 통해 가치관을 형성한다 _98
3. '지금' 안 된다면 '나중'에 들을 수 있도록 _103
4. 아이의 속마음을 이끌어내는 '듣는 힘' _110

아이를 성장시키는 대화법 _119

바르게 전할 때 아이는 성장한다!

1. 의욕을 높이는 격려의 3단계 _120
2. 지나친 격려는 역효과 _132
3. 격려에도 준비가 필요 _137
4. 실수와 실패는 성장의 기회 _142
5. 아이의 눈높이로 이야기한다 _149
6. 항상 '아이가 대화의 주인공'임을 기억하자 _155
7. 가능성을 열어주는 대답을 하라 _161

5 아이의 잘못된 습관을 바로잡는 대화법 _167

아이를 바르게 이끌어주는 부모의 말투

1. 게임만 하는 아이 _168
2. 거짓말을 하는 아이 _174
3. 약속을 어기는 아이 _180
4. 쉽게 기가 죽는 아이 _185
5. 형제에게 난폭하게 구는 아이 _189
6. 변명을 하거나 남의 탓을 하는 아이 _194
7. 말수가 너무 적은 아이 _200

끝내며 _206

1

아이에게
잘 전달되지 않는 것은
잘못된 표현 탓

아이에게 이런 행동을 하고 있지 않나요?

체크된 항목은 해당 페이지를 펼쳐 보세요.

1. 아직 아이가 어릴 때는 부모가 아이의 행동을 지시할 필요가 있다고 생각한다. ☐ → 25쪽

2. 아이가 할 수 없을 때는 조용히 지켜보고, 할 수 있게 되면 충분히 칭찬한다. ☐ → 33쪽

3. '성적이 오르면 용돈 인상' 등의 교환 조건을 자주 사용한다. ☐ → 44쪽

4. 아이가 질문하면 바로 정답을 알려준다. ☐ → 53쪽

5. 아이가 말을 잘 이해하지 못할 때는 시간을 들여서 공들여 설명한다. ☐ → 60쪽

6. 아이의 말에 "그래서?"라면서 결론을 재촉하거나 앞질러서 정리할 때가 있다. ☐ → 84쪽

7. 아이가 하는 말이 이해가 안 돼도 이해한 척하며 흘려들을 때가 있다. ☐ → 93쪽

8. 바쁘더라도 되도록 아이의 이야기를 들어주려고 하지만 솔직히 스트레스가 쌓인다. ☐ → 104쪽

9. 아이가 부모에게 감추는 일 없이 뭐든지 말해주기를 바란다. ☐ → 115쪽

10. 아이에게는 항상 "너는 할 수 있어"라고 격려하여, 아이가 할 마음이 생기도록 한다. ☐ → 133쪽

"이렇게 간단한 일인데 왜 못해?"
"제대로 안 들으니까 모르는 거야!"

부모가 하는 말을 아이가 듣지 않을 때, 이렇게 말하면서 아이를 나무라는 부모가 있다. 하지만 모든 것을 아이 탓으로 돌리는 게 과연 옳은 일일까? 부모의 생각을 받아들이지 못하는 아이를 탓하기 전에, 우선 생각을 전달하는 부모의 표현력이나 아이와의 의사소통 방식부터 살펴보아야 한다.

옆에 소개한 체크리스트는 부모가 무심코 아이에게 하기 쉬운 행동을 정리한 것이다. 각 항목마다 해결 방법은 해당 페이지에 서술되어 있으므로 꼭 체크해 보기 바란다. 아이와의 소통이 벽에 부딪혔을 때는 언제든지 이 체크리스트를 살펴보도록 하자.

체크리스트를 바탕으로 **제1장**에서는 특히 주의해야 할 바람직하지 못한 표현들을 다루었다. **제2장**에서는 어떻게 하면 부모의 의사를 아이에게 잘 전달할 수 있는지 구체적인 대화방법을 소개하였다. **제3장**에서는 '전달'의 기초가 되는 '들어주기'의 중요성을 설명하고, **제4장**에서는 아이의 능력을 향상시키기 위한 대화방법을 소개했다. 마지막 **제5장**에서는 문제행동의 사례들과 그 문제들을 해결할 수 있는 대화법을 소개했다. 이제부터 함께 아이와의 원활한 소통을 위한 방법들을 살펴보기로 하자.

아이에게 해서는
안 될 4가지 말

1
부모의 의견을 강요하는 말
"~해"라는 명령형 말투

1. 부모의 의견을 강요하는 말

명령을 내려 아이를 움직이게 하는 것이 옳다고 생각하는 부모는 없을 것이다. 그러나 자기도 모르게 아이에게 명령하는 투로 말하고 있지는 않은지 돌아볼 필요가 있다.

"얘, 아침이야, 어서 일어나!"
"빨리 먹어!"
"숙제 똑바로 해!"

이렇게 '~해'로 끝나는 말은 '명령형' 말투이다. 큰소리로 호통을 치든 부드럽게 천천히 말하든, 결국은 자신의 말에 상대가 따르게 하려는 점에서는 마찬가지이다. 부모가 명령형으로 말했을 때 아이는 '네'라는 대답밖에 할 수 없다. 다른 말로 대답하면 변명이나 반항으로 받아들여질 것이기에 애당초 '네' 이외의 대답은 허용되지 않는다는 것을 아이는 이미 알고 있다.

    요컨대 엄마는 아이에게 '전달하고 있다'고 생각할지 모르지만, 명령형으로는 부모의 생각을 아이에게 '강요하고 있을' 뿐이다. 설령 아이 나름대로 "네"라고 할 수 없는 이유가 있거나 따로 하고 싶은 말이 있어도 모두 마음속에 묻어버리게 된다. 부모가 일방적으로 시켰기 때문에 아이는 이해가 안 되더라도 일단 따른다. 그래서 부모가 시킬 때에는 따르더라도 다시 원래의 상태로 돌아가 다음에도 똑같은 상황이 반복된다. 결국 부모는 몇 번이고 같은 말을 되풀이해야 하게 되는 것이다.

"~해보지 않을래?"라는 제안형으로

누군가의 명령을 받고 움직이는 것을 좋아하는 사람은 어른이든 아이든 누구도 없을 것이다. 명령의 목적은 상대를 복종시키는 것이다. 군대와 같은 조직이라면 이유를 불문하고 무작정 명령에 복종하는 일도 필요하겠지만, 가정은 군대가 아니며, 부모와 아이는 상관과 부하의 관계가 아니다. 부모의 일방적인 생각이 아이에게 전달되지 않는 것은 당연하다.

그렇다면 어떻게 부모의 생각을 아이에게 잘 전달할 수 있을까? 명령형이 아니라, 아이에게 권유하듯이 말해 보면 아이의 반응은 크게 달라진다.

"일어나!", "빨리 먹어!"를 "~해보지 않을래?"라는 제안형으로 말하면 어떤 변화가 생길지 생각해 보자.

 "아침이야. 이제 일어나서 슬슬 아침밥 먹을까?"

 "지금 몇 시야?"

"벌써 7시 넘었어

 "아~ 졸려. 더 자고 싶어~"

 "우리 아들 좋아하는 달걀프라이 다 됐는걸. 엄마랑 같이 먹자."

 "알았어, 그럼 일어날게."

   단순히 말투를 바꾼 것뿐이라고 생각할지 모르지만, "일어나!"라는 명령형과 다른 점은 무엇보다 아이와의 대화가 성립되었다는 사실이다.

   아이에게 제안형으로 말을 걸면 아이는 그 제안에 반응을 하게 된다. 그 반응이 반론이라도 상관없다. 중요한 점은 대화를 나누면서 아이와 소통을 한다는 것이다.

   1분 1초가 아쉬운 아침에 시시콜콜 수다 떨 여유가 있겠냐고 말하는 사람도 있을지 모르지만, 단 1분이라도 이런 대화를 나누게 되면 우격다짐으로 말을 듣게 하는 명령형보다 아이의 마음에 따뜻한 부모의 마음을 충분히 전할 수 있다. 제안에 응해서 아이가 일어나면 오늘 무엇을 할 예정인지, 컨디션은 어떤지 등 짧아도 좋으니 대화를 나누도록 해보자.

제안형 대화의 장점은 대화를 나누는 가운데 아이가 '자신의 행동을 스스로 정하도록' 도와준다는 점이다. "일어나"라는 부모의 명령에 따르는 형태로 일어나는 것이 아니라, 일어난다는 행동을 제안 받음으로써 아이가 스스로 일어나는 것을 선택하고 결정하게 한다는 것이 제안형 대화의 가장 중요한 핵심이다.

아이의 자발성을 길러준다

이번에는 엄마들이 자칫 명령형으로 시키기 쉬운 '정리정돈'의 상황을 어떻게 제안형으로 바꾸어 말할 수 있는지 살펴보자.

"방 정리하라고 엄마가 늘 말하잖니. 꺼냈으면 집어넣어!"
"네에~"

이런 식의 명령형으로 말해도 아이는 움직일지 모르지만, '놀고 나면 정리해서 항상 방을 깨끗이 했으면 좋겠다'는 부모의 바람이나 기대를 이해하고 행동하는 것은 아니다. 자꾸 잔소리를 들으니까 일시적으로 부모의 명령에 따르는 것뿐이다.

그렇기 때문에 다음날도 같은 잔소리를 되풀이하지 않으면 아이가 스스로 정리를 하지는 않는다. "몇 번을 말해야 알아듣니?"라고 부모가 짜증을 내게 되는 전형적인 대화 패턴이 이어진다.

이런 경우에도 아이 스스로 '정리한다'는 행동을 선택하게 만드는 제안형 대화가 필요하다.

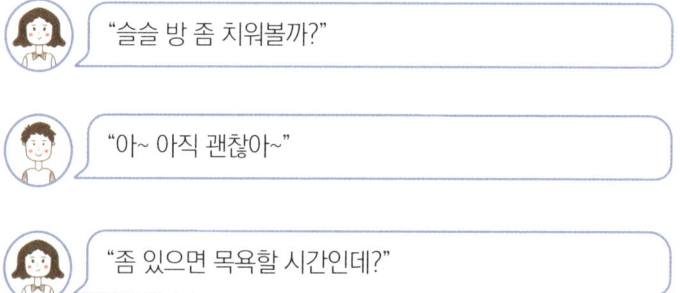

"나중에 치울 거니까 괜찮아."

 "그렇지만 목욕하고 나서 치우면 땀이 나서 또 더러워 질텐데 괜찮아?"

 "그렇긴 한데……. 알았어, 목욕하기 전에 치울게."

 "그래, 우리 아들 기특하네."

제안형은 의사결정을 아이에게 맡기는 효과가 있다. 아이 스스로 생각하고 판단해서 결정하게 된다. 이것이 습관으로 몸에 배면 아이는 부모가 말하지 않아도 자발적으로 행동하게 된다. 왜냐하면 이것은 '자기선택의 동기부여'라고도 하는데, 어른이나 아이를 막론하고 사람이라면 누구라도 스스로 정한 것은 지키려고 하는 심리가 있기 때문이다.

중학생 제자들을 지도해 육상경기에서 7년 동안 12차례나 전국 1위로 이끈 하라다 다카시라는 선생님이 강연회에서 얘기한 사례를 살펴보자.

   전국 1위를 목표로 정하고 교사가 연습 계획서를 만들어 아이들에게 연습을 시키려고 해도 좀처럼 잘 되지 않았다고 한다. 그러나 목표 달성을 위해 아이들에게 <u>스스로</u> 연습 목록을 생각하게 하고 스케줄을 짜게 했더니 그것이 아무리 힘든 연습이더라도 달성해냈다고 한다. 아이들 <u>스스로</u> 하겠다고 정한 것이므로 끝까지 해내려고 노력했던 것이다. 이 이야기를 하면서 하라다 선생님은 하루에 800번이나 복근 운동을 한다는 학생의 영상을 보여주었다. 영상에는 지극히 평범한 중학교 2학년 여자아이가 열심히 운동하는 모습이 담겨 있었다.

   부모가 일상적으로 명령형의 말투로 지시하게 되면 언제나 부모가 의사결정을 하고 아이는 그저 수동적으로 명령에 따르게 될 뿐이다. 그러다 보면 아이 스스로 생각하거나 판단할 기회가 없게 된다. 명령을 받아서 움직이는 데 익숙해진 아이는 명령이 없으면 행동하지 않는 무기력한 아이가 되어버릴 가능성이 높아진다.

제안형은 아이가 활발하게 개성을 발휘하고 적극적으로 임하려는 의욕을 가지게 하는 데에도 중요한 역할을 한다.

그러면 예를 들어 아이가 숙제하는 문제로 엄마와 아이가 말씨름하게 되는 경우에, 아이가 스스로 숙제할 마음이 들도록 하고 싶을 때는 어떻게 하면 될까? 그냥 "숙제해!"라고 하는 말은 답이 아니라는 것은 다들 알 것이다. 그렇다고 "숙제할까?"라고 말투만 바꾸면 되는 그리 간단한 문제도 아니다.

이런 경우 제안형으로 말하는 것은 아이가 스스로 행동하도록 유도하는 전달 방식이다. 그렇게 함으로써 아이가 숙제할 마음이 저절로 생겨나게 되는 것이다.

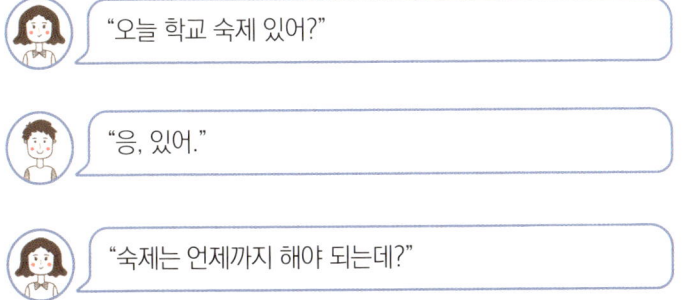

"내일까지야."

 "시간이 얼마 없네. 괜찮아? 그때까지 할 수 있어?"

 "할 수 있어, 괜찮아!"

 "그래, 다행이네! 그럼, 수고하렴."

 언제까지 숙제를 끝내야 하는지를 아이가 인지하게 해주고, 그 외에는 아이가 스스로 숙제를 하겠다는 판단을 하도록 대화의 흐름을 조절해 가면 된다.

 아침에 일어나서 밥을 먹고 숙제를 하고, 이러한 일상적인 일부터 아이가 스스로 정하고 행동하는 것이 습관이 되도록 부모는 올바르고 효과적인 의사 전달 방법을 모색해야 한다. 아이의 자발성을 키우기 위한 첫걸음은 제안형의 말투에서 시작된다.

아이에게 해서는
안 될 4가지 말

2
칭찬의 가치를 저하시키는 말
"대단해" "훌륭해"라는 과잉 칭찬

2. 칭찬의 가치를 저하시키는 말

 칭찬은 부모가 아이에게 동기를 부여해줄 수 있는 좋은 방법이다. 아이는 부모에게 칭찬을 받거나 야단을 맞음으로써 좋은 일과 나쁜 일을 가려낼 수 있게 된다. 부모가 해주는 칭찬은 아이의 삶에 커다란 영향을 미친다.

 그렇기 때문에 무조건 칭찬만 해서는 안 된다. 아이의 마음에 부모의 생각이 잘 전달될 수 있는 방식으로 칭찬해 주지 않으면 칭찬의 긍정적인 효과를 얻을 수 없고, 지나치게 과한 칭찬은 아이의 성장마저 그르칠 수도 있다.

'해냈을 때'뿐만 아니라 '해내고 있는 과정'을 칭찬한다

여러분은 늘 어떤 말로 아이를 칭찬하는가?

"굉장하구나."라거나 "훌륭해."라는 말을 너무 자주하지는 않는지 되돌아볼 필요가 있다. 이런 말은 어떤 '칭찬받을 만한' 일을 한 상대에게 나의 느낌이나 감정을 표현하는 말이다. 칭찬의 말이 나쁘다는 뜻은 결코 아니다. 그러나 이런 칭찬을 남발하다 보면 아이는 칭찬의 가치를 모르게 된다. 바람직하고 훌륭하다고 여겨지는 일을 했을 때에만 칭찬받는다는 것을 아이가 알게 되는 것이 중요하다.

칭찬을 너무 자주하게 되면 아이는 자신의 판단보다 엄마의 감정이나 평가에 의존하여 '좋은 일인지 아닌지'를 판단하게 된다. 그 결과 자립심이나 자발성이 충분히 발달할 수 없게 되고, 매번 부모가 지시하지 않으면 행동으로 옮기지 않는, 앞에서 언급했던 것처럼 "몇 번을 말해야 알아듣니?"라고 잔소리하게 되는 결과를 가져올 가능성이 크다.

또한 "굉장해."나 "훌륭해."라는 칭찬에는 또 하나의 문제점이 숨어 있다. 이러한 칭찬을 사용하는 경우는 아이가 뭔가를 달성했다든지 성과를 냈다든지 했을 때, 즉, '달성한 것, 해낸 일'에 한정된다는 것이다.

 아이가 뭔가를 해냈을 때 칭찬하는 것은 당연한 일이며, 물론 그렇게 하는 것이 맞다. 부모한테서 칭찬받고 인정받음으로써 아이는 자신감을 가지게 되기 때문이다. 그러나 '해내지 못한 일'에도 아이의 노력을 칭찬해 줌으로써 아이는 노력의 중요성을 깨달을 수 있고 이것이 아이의 성장에 커다란 플러스 요인으로 작용하게 된다.

 흔히 볼 수 있는 상황을 예로 들어 보자.
 공원에서 한 여자아이가 철봉 거꾸로 돌기 연습을 하고 있다. 이를 지켜보는 엄마는 "힘내. 얘야. 좀 더 힘을 내야지."와 같은 말로 격려한다. 하지만 여자아이는 좀처럼 거꾸로 돌기가 되지 않는다. 수없이 되풀이해서 돌기 연습을 하는 동안 아이는 점점 지쳐가고 시간은 점점 흘러간다. 지켜보던 엄마는 "이제 집에 가자."라고 말하면서 아이의 손을 잡고 집으로 돌아간다.

요컨대 아이는 열심히 노력했지만 철봉을 거꾸로 돌지 못했기 때문에 칭찬을 받을 만한 일은 못한 셈이다. 성과를 내고 목표를 달성했을 때에만 칭찬을 받았던 경험이 있는 아이라면 이런 경우 해내지 못한 것에 대해 실망이 커서 "더 열심히, 될 때까지 해야지."라고는 생각하지 못할 것이다.

이런 경우에는 다음과 같이 칭찬하는 것이 좋다.

"아까보다 엉덩이가 더 위쪽으로 올라갔어. 많이 좋아졌구나."

"이렇게 오래 연습하다니 엄마는 감동했어."

이렇게 칭찬하면 아이 마음에 엄마의 감정이 잘 전달되고, 아이에게 좀 더 용기를 북돋아줄 수 있을 것이다.

'칭찬'은 부모가 아이의 성장을 칭찬하는 일방적인 행위가 아니라 아이를 격려하고 의욕을 높이는 소중한 커뮤니케이션의 방법이 된다. 그러므로 '달성해 내지 못했을 때 = 해내고 있는 과정'이라고 생각하여 해냈을 때뿐만 아니라 해내지 못했을 때에도 그 과정과 노력을 칭찬해 주자.

예를 들어 열심히 피아노 연습을 했지만 발표회에서 제대로 실력을 발휘하지 못했을 때, 혹은 엄마를 도와주려다 그릇을 깨고 말았을 때와 같은 경우에도 이렇게 말해주면 좋겠다.

 "피아노 연습 열심히 했구나. 엄마 감동했어."

 "엄마를 도와주려고 해서 엄마는 참 기뻤단다."

이렇게 노력한 과정을 칭찬받았을 때 아이는 다음의 성공을 향해 분발할 수 있는 힘을 얻게 될 것이다. 또한 부모가 무엇을 좋게 생각해줬는지 구체적으로 이해할 수 있기 때문에 부모의 마음도 잘 전달될 수 있다.

경쟁과 협동 사이의 균형이 중요

어린이 축구팀에 다니고 있는 아들을 위해 매주 데려가고 데려오는 일부터 감독님이 드실 도시락까지 싸고 있다는 엄마에게서 이런 이야기를 들은 적이 있다.

어느 날 감독님으로부터 주전 선수인 한 아이가 다쳐 시합에 나갈 수 없게 되었으니 이번 시합에 아드님이 대신 나갔으면 한다는 전화를 받았다. 전화를 받은 엄마는 다친 아이에게는 미안한 마음이 들면서도, 내 아이가 시합에 나갈 수 있게 된 것이 기뻐서 아이에게 그 소식을 전했다.

"유민아. 토요일 시합에 네가 나갈 수 있게 됐대. 주전 선수인 친구가 다쳐서 시합에 나가지 못하게 됐다는구나."

그러자 아이는 "신난다."라고 외치면서 무척 기뻐했다. 이 모습을 보고 엄마는 아이의 반응에 위화감을 느끼고 아이의 생각과 반응이 이대로 괜찮은지 걱정이 되었다고 한다. 다친 친구는 걱정도 하지 않고 그저 자기가 시합에 나갈 수 있게 된 것만을 기뻐하는 아이가 냉정한 성격은 아닌지 불안해졌기 때문이다.

　물론 두 사람의 대화 내용만 본다면 아이의 반응은 냉정하다고 볼 수 있다. 그러나 이렇게 된 것은 아이가 원래 냉정한 성격이 아니라 부모가 했던 칭찬 방식에 문제가 있을 수도 있다는 생각이 들었다.

　어린이 축구팀이라고 해도 포지션 경쟁도 있을 것이고, 다른 아이한테 지고 싶지 않은 기분은 아이 본인뿐만 아니라 부모한테도 있을 것이다. 은연중에 부모의 이러한 감정이 평상시에 아이와 나누는 대화 속에 표출되었을 수도 있다.

　예를 들어 주전 선수가 되기 위해 연습에 열중하고 있는 아이를 칭찬할 때에는 다른 사람과 비교하지 말아야 한다.

　"너는 경수보다 실력이 좋으니까 조금만 있으면 주전 선수가 될 거야."
　"민준이랑은 실력이 비슷하니까 금방 주전 자리를 뺏을 수 있을 거야."

이런 식으로 누군가와 비교하면서 칭찬하게 되면 아이는 더 심하게 경쟁의식을 가지게 된다. 그 결과 아이가 동료의식보다 경쟁의식이 더 커지게 되어 팀 동료에 대한 배려심 따위는 찾아볼 수 없는 행동을 하게 되었다면 그것은 역시 아이보다는 칭찬 방식이 올바르지 않았던 부모가 반성해야 될 일이라 생각한다.

유민이의 얘기로 돌아가 보자. 엄마는 유민이가 시합에 나갈 수 있게 된 것을 함께 기뻐해 주면서도 아이가 다친 동료를 배려하는 마음을 가지도록 대화를 이끌었으면 좋았을 것이다.

"토요일 시합에 나갈 수 있게 됐대."

"신난다."

"하지만 지용이가 다쳤다는구나.
얼마나 다쳤는지 걱정이구나."

"응. 내일 학교 가서 물어볼게."

남에게 지고 싶지 않은 경쟁심도, 동료를 배려하면서 힘을 합쳐가는 협동심도 아이에게는 모두 중요하다.

　그러므로 칭찬할 때에는 부모의 마음속에 균형을 잡아줄 저울을 마련하여 아이의 마음에 경쟁심과 협동심이 균형을 잘 잡을 수 있도록 조정해나가는 것이 필요하다.

아이 성장에 맞춘 칭찬 방식으로 수준 향상을

　또한 유아기에서 유년기, 소년기로 아이가 성장해 감에 따라 이에 걸맞게 칭찬 방식을 바꾸는 일도 중요하다. 무엇을 칭찬할지, 어느 정도 칭찬할지 등등 칭찬의 대상과 수준을 서서히 향상시켜나가면 연령에 맞는 마음의 성장을 이끌어줄 수 있기 때문이다.

　유아기 때는 아이가 장난감을 가지고 놀다가 제자리에 정리를 하기만 해도, "와! 장난감을 제자리에 정리했구나. 정말 대단한 걸!"하고 칭찬해 주는 것은 좋다. 아이가 스스로 물건을 정리하는 습관을 길러주기 위해서는 필요한 칭찬이다.

  초등학교에 들어간 아이가 학교에서 돌아오자마자 곧바로 숙제를 끝냈다면, 아이에게 "벌써 숙제 끝냈어? 장하구나."라고 칭찬해 준다. 아이가 초등학교 1학년 정도라면 아이가 집에 돌아오자마자 곧바로 숙제를 하는 버릇을 길러주기 위해서도 이 정도의 칭찬은 문제없다.

  그러나 학년이 올라가면 숙제뿐만 아니라 예습도 시켜야 할 경우가 있다. 이 경우에는 칭찬 방법을 바꿔 아이의 의식을 지금보다 한 단계 높게 만들어줄 필요가 있다.

"숙제뿐만 아니라 아직 안 배운 것까지 공부하면
다들 깜짝 놀랄 거야."

  직접적인 지시보다 이런 식으로 가볍게 도전과제를 툭 던져주면서 아이의 반응을 살펴보자. 지금까지 해오던 것만으로는 엄마한테 칭찬받지 못할 것이라는 사실을 어렴풋이 이해한다면 아이는 숙제뿐만 아니라 칭찬받기 위해서 한 단계 더 높이 올라가려 할 것이다.

　칭찬이라는 것은 현재의 상황을 인정하고 평가해 주는 일이다. 자신의 능력을 인정받고 평가받고 싶다는 마음에서 노력하려는 원동력이 생긴다.
　그러므로 부모는 자기 아이가 한 가지 목표를 성취해냈을 때 거기서 머무르지 않고 위 단계로 올라가기 위해 도전하도록 다음 목표를 제시해 줄 수 있는 칭찬 방법을 모색하여 아이가 도전하려는 의욕을 북돋아주고 성장을 돕는 것이 중요하다.

아이에게 해서는
안 될 4가지 말

3
그릇된 동기부여를 일으키는 말
"~하면 ~해줄게"라는 조건 제시

3. 그릇된 동기부여를 일으키는 말

아이에게 부모의 생각을 전달하는 전달방식과 그저 부모가 하는 말을 듣게 하는 전달방식은 얼핏 보면 비슷한 것 같지만 전혀 다르다. 예를 들어 아이에게 이런 말을 하고 있지는 않은지 생각해 보자.

"이번 시험에 1등하면 새 게임팩 사줄게."
"숙제 안 하면 아이스크림 먹으면 안 돼."

이러한 교환조건을 제시하면 아이는 대체로 부모가 말하는 대로 움직인다. 그러나 이것은 부모의 말이 정확히 전달되어서가 아니라 부모가 상(혹은 벌)을 슬쩍 던져주며 아이를 조종하는 것이다. 이런 방법을 반복해서 사용하게 되면 아이는 점점 보상이나 벌칙이 없으면 행동을 하지 않게 되고 자주성과 판단력이 저하되는 나쁜 결과로 이어질 수 있다.

사실은 나 역시 아이에게 이런 방법을 사용했다 큰코다친 적이 있다. 아이가 산수 숙제를 할 때 꼭 한두 문제를 틀리는 것이었다. 덤벙대지 말고 차근차근 잘 풀라고 타일렀지만 좀처럼 나아질 기미가 보이지 않자 나도 모르게 그만, "이번에 하나도 안 틀리면 새 게임팩 사줄게."라고 말해버렸다.

이 말을 듣고 아이는 갑자기 의욕을 불태우더니 내가 제시한 조건을 보란 듯이 성취해냈다. 나는 약속한 대로 새 게임팩을 사줬다. 그랬더니 아이는 집에 돌아와 바로 새 게임을 하면서 이렇게 말하는 것이었다.

"있잖아, 아빠. 다음 주에도 하나도 안 틀리면 뭐 사줄 거야?"

아뿔싸! 후회해도 이미 엎질러진 물이었다. 나는 진지하게 아이와 마주 앉아 게임팩을 교환조건으로 내걸어 실수로 틀리는 것을 고치려 한 것은 아빠가 잘못한 일이라며 사과했다.

　이렇게 교환조건을 내걸어 아이에게 부모의 희망이나 생각을 전하려는 방식은 아이에게 그릇된 동기부여로 움직이게 하고 그릇된 가치관을 심어줄 수 있으니 조심해야 한다.

　부모라면 아이가 어떻게 자라고, 어떤 사람이 되기를 바라는 그림을 그려놓고 아이가 이 기대에 가까워질 수 있도록 노력해주기를 바랄 것이다. 아이가 꿈을 가지고 살아가면서 그 꿈을 향해 스스로 개척해나갈 수 있는 힘을 기르기를 바란다면 아이에게 교환조건을 내거는 일은 삼가야 한다.

긍정형 조건부는 자극제가 된다

　물론 교환조건이 무조건 좋지 않다거나 교환조건을 절대 내걸어서는 안 된다는 말은 아니다.

　"이번 시험에서 성적이 잘 나오면 상으로 여름방학 때 우리 가족 모두 바다에 가자." 는 말처럼 아이와 함께 즐길 수 있는 교환조건을 제시하는 것은 전혀 문제될 것이 없으며, "네가 목욕탕을 청소해 주면 엄마가 맛있는 쿠키를 만들어줄게." 같은 교환조건도 부모와 자식 간의 원활한 소통에 도움이 된다.

요컨대 조건부가 부모의 뜻에 맞게 아이를 움직이려는 미끼로 활용되어서는 안 되지만, 아이 자신이 즐겁게 느끼거나 목표를 가지기 위한 '~하면 ~할 수 있다'는 긍정형 조건부라면 아이의 성장에 도움이 될 수 있다.

"~하지 않으면 ~못 해." 같은 금지하는 말투, 부정적인 말투는 아이의 마음을 위축시킬 수 있기 때문에 사용하지 않도록 주의하자.

물론 "밥 먹고 나서 아이스크림 먹어도 돼."라는 말처럼 기본적인 생활습관에 관한 조건부나, 아이가 갖고 싶은 물건을 사달라고 조를 때 생일이나 크리스마스 때까지 참고 기다리게 하는 일은 긍정적인 효과가 있다. 요점은 상에만 의존하지 말라는 것이다.

또한 "성적이 오르면 엄마가 무척 기쁘겠구나."와 같은 정서적인 격려도 추천하고 싶은 좋은 조건부의 방법이다.

아이에게 해서는
안 될 4가지 말

4
아이의 마음을 닫게 하는 말
"됐으니까"라고 자르는 말

4. 아이의 마음을 닫게 하는 말

 아이는 호기심 덩어리라 궁금한 것 투성이다. 매일매일 새로운 것을 발견한다. "왜? 어째서?"라고 물어오는 것은 당연한 일이다. 이러한 물음을 통해 새로운 것들을 알게 되고 배우게 되고 성장해나간다.

 아이가 궁금해하는 그 타이밍에 지식을 습득하게 하는 일이 아이의 지능과 지성을 발달시킨다는 점을 부모도 알고 있기에 여유가 있는 한 아이의 질문에 답해주려 하고 있을 것이다. 그러나 현실은 시간적으로도 정신적으로도 여유가 그리 많지 않기 때문에 아이가 궁금증을 풀려고 질문을 해도 무시하고 "됐으니까 시키는 대로 해."라는 말을 하게 된다.

 아이 입장에서 보면 아무런 설명도 없이 무턱대고 엄마가 시키는 대로 행동하라는 말을 들으면 납득하기가 쉽지 않다. 이것은 강도가 "손들어!"라고 하는 것과 하등 다를 바 없는 매우 일방적이고 난폭한 표현이다. 이러한 일방적인 표현으로는 아이에게 부모의 마음이 제대로 전달될 리가 없다.

 며칠 전에도 비슷한 일을 목격했다. 주말마다 부모 손을 잡고 오는 아이들로 북적대는 동네 공원에서 일어난 일이다.

 여섯 살 정도 된 남자아이에게 아빠가 열심히 축구를 가르치고 있었다. 남자아이는 축구를 시작한지 얼마 되지 않았는지 공을 잘 차지 못했다. 아빠는 아이 뒤쪽으로 와서 발을 이렇게 움직이라는 둥, 공을 잘 보고 차라는 둥 열심히 축구를 가르쳤지만 단시간에 실력이 늘 수는 없는 노릇이라 공은 전혀 다른 방향으로 굴러가버리곤 했다.

 그래도 아이는 공놀이가 즐거운 듯 웃음을 띠고 진지하게 공을 차고, 비켜나간 공을 주워서 아빠에게 손으로 공을 던지곤 했다. 그런데 아빠는 아이가 자꾸 헛발질을 하는 것에 화가 났는지 아이를 향해 공을 차면서 약간 딱딱한 말투로, "지금 축구 하고 있잖아. 손은 쓰지 마."라고 지시했다. 그러자 아이는 "왜 축구는 손을 쓰면 안 돼?"라고 물었다. 그 말에 아빠는 그만 "시끄러워. 됐으니까 빨리 해."라는 말을 툭 내뱉고 말았다.

나도 아들을 키우고 있는 아빠의 입장에서 이 아빠의 기분이 너무나 이해가 된다. 그러나 그렇게 아이에게 억지로 가르친다고 해서 축구 실력이 눈에 띄게 늘거나 연습에 매진하려는 의지가 생기지는 않는다. 오히려 아빠랑 함께 놀아서 즐거웠던 기억보다 아빠가 함께 놀다가 화를 냈던 부정적인 경험을 기억하게 되어 부모와 자식 간의 바람직한 소통이 막혀버리는 요인이 되기도 한다.

이와 비슷한 사례는 여러 곳에서 볼 수 있다.

레스토랑에서 시시콜콜 물어대는 아이에게 "됐으니까 빨리 먹어."라고 다그치거나 전철에서 창밖 풍경을 보며 흥미진진하게 질문을 던져오는 아이에게 "됐으니까 조용히 해."라고 짜증을 내면서 딱 잘라 아이의 호기심을 억눌러버리는 경우들이다.

확실히 바쁠 때 아이가 하는 말에 차분하게 귀를 기울이거나 아이가 묻는 말에 하나하나 대답해 주기는 쉽지 않다. 또한 아이가 질문하는 것에 대해 부모가 모든 것을 다 알고 있는 것도 아니다.

그러나 완벽하지는 않더라도 가능한 대답해 주려고 노력하는 자세가 중요하다. 아이가 궁금해하는 것에 대해 부모가 설명해 주려고 하는 것만으로도 아이는 만족할 것이다. 지금 바로 설명해 줄 상황이 되지 못하더라도 나중에 부모가 반드시 대답해 줄 거라는 사실을 아이가 알게 되면 조용히 기다리는 것도 가능하다.

그러면 구체적으로 어떻게 아이에게 전달되기 쉬운 대답을 할 수 있을까?

아이가 알고 싶어 하면 우선은 환영한다

"엄마, 횡단보도를 건널 때는 왜 손을 들어야 해요?"

아이가 이런 질문을 했을 때 여러분은 어떻게 반응하는가?

이런 질문을 받았을 때, 바로 대답하지 말고 우선 질문한 그 자체를 인정해 주자.

 "좋은 질문이구나."

 "재미있는 질문이구나."

이 한마디를 해줌으로써 아이는 엄마가 자신의 의견을 존중해 주고 인정해 주었다고 느껴 기뻐할 것이다. 그리고 엄마한테 더 칭찬받고 싶어서 여러 가지 것들에 흥미를 가지고 관심을 기울이게 될 것이다.

또한 아이가 질문할 때에는 단순히 정답을 알고 싶어서가 아니라 엄마와 대화를 나누고 싶다는 마음도 그 안에 담겨 있는 것이다. 엄마가 자기의 질문을 환영해 주면 아이는 엄마가 늘

자기의 말에 귀를 기울여준다는 것에 안심이 되어 엄마가 해주는 말을 들을 마음의 준비도 하게 된다.

대답하기 전에 아이의 생각을 듣는다

질문을 환영한 뒤에는 곧바로 대답을 하지 말고 조금 뜸을 들여 보자. 엄마의 생각보다 먼저 "왜 그럴까?"라고 되물어 아이의 생각을 들어보자.

바로 대답해버리면 둘 사이의 대화가 몇 마디로 끝나버릴 수 있지만, 질문으로 되묻게 되면 말을 주고받으면서 대화의 즐거움도 느끼게 되고, 아이도 나름대로의 생각을 정리하는 힘이 생긴다.

예를 들어 다음과 같은 방식으로 대화가 이루어질 수 있다.

 "엄마, 횡단보도를 건널 때는 왜 꼭 손을 들어야 해요?"

"왜 그럴까?"

 "누구한테 보여주려고 그러나?"

 "그럼 누구한테 보여주려는 거라고 생각해?"

 "음, 모르겠다."

 "그건 말이지, 아이들은 아직 키가 작으니까 차에 탄 사람들이 잘 안 보이면 곤란하겠지? 그러니까 손을 들어 '나 여기 있어요.'라고 보여주는 거란다."

 "차에 탄 사람들에게 보여주려고 그런 거야?"

 "그래, 맞아. 횡단보도에서 신호등이 빨간 불로 바뀌면 차도 오토바이도 쌩쌩 달리기 시작하겠지? 그러니까 '아직 내가 길을 건너고 있으니까 좀 기다려주세요.'라고 손을 들고 신호를 보내는 거지."

아이가 질문을 하면 곧바로 대답하기 전에 아이 자신의 생각을 들어보자. 이런 대화의 흐름이 습관이 되면 아이가 생각하는 사이에 약간의 여유가 생긴다.

바쁜 나머지 무심코 "좀 더 크면 알게 될 거야."라고 말해버리고 싶어질 때에도 한숨 돌림으로써 평정을 되찾을 수 있고, 아이의 생각을 들어봄으로써 아이가 무슨 생각을 하고 있는지, 아이가 무엇에 흥미를 느끼고 관심을 가지고 있는지도 알 수 있어 대화를 잘 이어나갈 수 있게 된다.

또한 아이의 질문에 마땅한 대답이 떠오르지 않을 때에도 "어째서일까?"라고 되물어 함께 생각해볼 수도 있게 된다. 모처럼 아이가 흥미를 가졌던 것, 앞으로 흥미를 가지게 될 만한 것이 있는데도 "됐으니까"라는 말로 아이의 말을 가로막으면 아이의 가능성을 송두리째 뽑아버리는 것과 마찬가지이다.

아이가 세상을 향해 질문을 던지는 마음의 창을 닫게 만드는 우를 범할 수도 있다. 더욱이 "됐으니까"라는 말로 일축하여 아이를 무조건 복종하게 하다보면 얼마 지나지 않아 아이는 매사에 흥미를 느끼지 않게 되어 무기력한 인간이 될 위험성도 있다. 부모가 아이의 기분을 이해하고 받아들여 소통해나가려는 노력을 하게 되면 아이의 미래도 밝아진다.

"아이와 함께하려면 먼저
아이처럼 생각할 수 있어야 한다."

키에르케고르 (Søren Kierkegaard)

말하고 싶은 것은 1분 안에!

2

같은 말을 계속 반복했는데도 아이의 행동에 변화가 없을 때, 엄마들은 아이에게 '어째서 그러한 행동을 하면 안 되는지'에 대해 너무 자세하고 길게 설명을 늘어놓은 것은 아닌지 되돌아보아야 한다. 충분히 설명해 주었고 아이도 납득을 해서 "응." 하고 대답한 것이라고 생각했는데 바로 같은 일을 되풀이하면 저절로 "어째서 넌……."이라는 말이 목구멍까지 올라온다.

우리는 상대에게 어떤 내용을 정확하게 전달하려 할 때, 혹은 이해하기 쉽게 설명하려 할 때 가능한 자세히 설명하려고 노력한다. 이해를 돕기 위해 단어를 많이 사용하거나, "이렇게 하고 나서 저렇게 해야 한다."고 순서를 설명하거나, "이렇기 때문에 저렇게 해야 한다."라고 이유를 제시하는 등 다양한 접근방식으로 상대방을 이해시키려 한다. 그러나 이런 대화 방식은 어른을 상대할 때는 유용하겠지만 아이에게는 별로 효과가 없다.

  엄마는 아이가 이해하기 쉽게 자세히 설명해야겠다고 생각할수록 많은 단어를 사용해서 말하게 되는데 그럴수록 아이는 엄마의 말을 더 이해할 수가 없게 된다. 왜냐하면 너무 길게 얘기하기 때문이다.

  어른이라 할지라도 다른 사람의 말을 집중해서 들을 수 있는 시간이 겨우 10분 정도라고 하는데 아이들이 집중할 수 있는 시간은 그보다 훨씬 짧다. 아이들은 호기심 덩어리라 흥미로운 대상이 여기저기 널려 있어 한 곳에 계속해서 집중하지 못한다.

  그러므로 아이에게 뭔가를 확실히 전하고 싶다면 아이가 집중해서 들을 수 있는 시간 내에 하고 싶은 말의 핵심만 전해야 한다. 아이와의 대화에서 최적의 시간은 1분이다. 글자 수로 치면 350자 전후이다. 이 1분 안에 간략하게 하고 싶은 말을 전달하는 대화법을 알아보자.

아이가 이해하기 쉬운 3가지 전달방법

1
'이미지'를 적절하게 사용한다

1. '이미지'를 적절하게 사용한다

　아이는 '지금 이 순간'의 세계에 살고 있다. 아이에게는 지금 이 순간 눈앞에서 일어나는 일이 관심의 전부이다. '현재' 이외의 시간 인식이 거의 없고, 특히 아직 일어나지 않은 미래에 대한 개념이 거의 없기 때문에 '앞으로', '장래에는'과 같은 말은 전혀 감이 오지 않는다. 또한 객관적인 시점이 아직 몸에 배어 있지 않기 때문에 '다른 사람들은', '다른 아이가 볼 때' 등과 같은 비교도 실감하기 힘들다.

　그러므로 아이에게 하고 싶은 말을 명확하게 전하기 위해서는 '지금 이 순간'에 상대방이 한 이야기를 바로 머릿속에 그릴 수 있도록 전달해야 한다.

그러면 구체적으로 어떻게 해야 할까? 이를 위해서는 다음과 같은 방법을 추천한다.

아이가 알고 있는 말을 사용한다

어느 날 아내와 얘기를 나누고 있는데 내가 사용한 '오해'라는 말에 아이가 반응했다. "'오해'가 뭐야?" 아내는 잠시 생각에 잠기더니, "오해라는 건 사실을 곡해해서 받아들이는 걸 말해."라고 대답했다.

아내가 '사실'과 '곡해' 등 아이가 알지 못하는 단어를 사용하여 설명했기 때문에 나는 아이의 반응을 살폈다. 아이는 "흐응~"이라며 알아들은 것 같기도 하고 못 알아들은 것 같기도 한 애매한 반응을 보이고는 더 이상 아무 것도 묻지 않았다.

당연히 아이가 엄마의 말을 이해했을 리가 없다. 엄마가 해준 설명을 듣고도 모르는 단어의 의미에 대해 힌트조차 얻지 못했기 때문에 더 물으려 해도 물을 수 없었던 것이다.

이렇게 자신에게는 익숙하지만 아이에게는 이해가 잘 되지 않는 어려운 말을 사용하여 아이를 야단치거나 타이르는 부모들이 많다. 이렇게 하면 1분은커녕 몇 초 만에 대화가 끝나버릴 수 있다. 아이가 잘 모르는 단어로 설명하면 아이는 잘 이해할 수 없을 뿐 아니라 그 의미도 제대로 전달되지 않는다.

아이에게 뭔가를 가르치거나 전달할 경우에는 아이가 아는 말로 설명해야 한다. 어른들도 모르는 단어나 개념들을 처음 접하게 되면 이미 알고 있는 것에 비추어보고 그 맥락에서 이해해 나간다. 아이도 마찬가지로 엄마가 아이가 알고 있는 말로 이미지화해서 설명하게 되면 아직 알지 못하는 것에 대한 이해가 쉬워질 수 있다.

앞서 말한 '오해'라는 단어는 다음과 같이 설명해 볼 수 있겠다.

"네가 주스 마시고 싶다고 했는데 엄마가 간장이라고 잘못 들어서 간장은 마시면 안 된다고 하면 너는 깜짝 놀라겠지? 이것처럼 잘못 듣거나 사실과 다르게 받아들이는 것을 '오해'라고 하는 거야."

아이들은 어렸을 때에는 알고 있는 단어가 많지 않아 설명해 주기가 쉽지 않다. 하지만 평상시에 대화를 나눌 때 아이가 사용하는 단어를 잘 기억해 두었다가 그것들을 활용하여 이야기하도록 하자.

구체적인 예를 든다

이야기의 내용을 쉽게 전달하기 위한 효과적인 방법으로 비유, 즉 구체적인 예시를 들 수 있다. 앞에서 '오해'를 설명할 때에 '주스'와 '간장'을 예로 들어 말했듯이 구체적인 사례에 대입하면 아이도 이미지를 떠올리며 쉽게 이해할 수 있다.

여름방학에 아이를 수영장에 데리고 갔었는데 수영장에 이런 규칙이 쓰여 있었다.

"식사는 휴게 공간에서 하시기 바랍니다. 수영장 가까이에서는 드실 수 없습니다."

이것을 본 아이는 휴게 공간에서 과자를 먹으면서, "왜 수영장 가까이에서는 먹으면 안 돼?"라고 물었다.

이 경우 "규칙이니까 그렇지."라고 대답하면 앞에서 언급했던, "됐으니까 잠자코 시키는 대로 해."라는 말과 마찬가지로 아이가 궁금해하는 점에 제대로 대답해줬다고도 할 수 없고, 규칙이나 주의사항의 목적도 아이한테는 정확하게 설명되지 않는다. 그렇다고 해서 위생상 문제가 있다는 점을 논리적으로 설명하려 해도 아이는 잘 이해가 되지 않아 고개를 갸우뚱거릴 게 뻔하다. 이런 경우는 예를 들어 설명해 주는 것이 좋다.

"예를 들어 집에서 목욕할 때 욕조 안에서 과자를 먹으면 안 되잖아? 욕조는 몸을 씻는 곳인데 과자 부스러기가 떨어지면 물이 더러워지겠지? 그러니까 과자나 밥은 식탁에서 먹어야 하는 거고. 수영장도 물속에서 노는 곳이니까 과자나 밥을 떨어뜨려서 물을 더럽히지 않게 음식을 먹어도 되는 곳을 정해놓은 거지."

먹을 수 있는 장소가 정해져 있다는 사실을 익숙한 집의 장소를 예로 들어 설명함으로써 아이가 이미지화하여 이해하기 쉬워진다. 아이가 잘 알고 있는 장소의 예를 들었기 때문에 장소에 따라 지켜야 할 규칙이 있다는 점을 이해할 수 있게 되고, 무조건 복종하는 것이 아니라 아이가 이해해서 받아들이게 된다. 그러므로 설명할 때에는 "예를 들어"라는 말이 입버릇이 될 정도로 예시를 활용하도록 하자.

설명 안에 아이를 등장시킨다

아이를 이야기 속에 등장시키는 방법도 좋다. 아이가 이야기의 주인공이 되는 듯한 느낌을 가지게 되기 때문에 흥미를 가지고 쉽게 받아들일 수 있게 된다.

우리 집에서도 이런 일이 있었다.

어느 날 저녁 식사 시간에 큰애가 "얘는 숟가락으로 밥을 먹어. 아기같이."라고 동생을 놀렸다. 작은아이는 아직 어려서 젓가락질을 잘 못하기 때문에 숟가락으로 밥을 먹었다. 사실 그 또래의 아이가 숟가락으로 밥을 먹는 것은 그리 이상한 일은 아니었지만 형한테 놀림을 당하자 작은아이는 기분이 상한 것 같았다. 식사가 끝나고 작은아이가 목욕탕에 들어갔을 때 큰애에게 이렇게 말했다.

"신지, 오늘 공원에서 새 자전거를 타고 있던 아이한테 무슨 말 들었지?"

"응. 내 자전거는 작아서 보기 싫다고."

 "그런 말 들었을 때 신지는 기분이 어땠어?"

 "화가 났어. 심술쟁이라고 생각했어."

 "그런데 신지도 아까 밥 먹을 때 동생한테 아기 같다고 했지? 그 말 들었을 때 동생 기분이 어땠을까? 신지가 화가 났던 것처럼 동생도 화가 나지 않았을까?"

 "……그러네."

 "신지는 동생이 신지를 심술쟁이라고 생각해도 괜찮아?"

 "아니. 안 괜찮아."

 "그렇지? 아빠는 신지가 동생을 못살게 굴려고 한 말이 아니라는 걸 잘 알지."

큰아이는 자신이 공원에서 친구에게 업신여김을 당했을 때 무척 분했던 모양이다. 바로 내가 하는 말을 이해한 듯 나중에 동생의 기분을 풀어주려고 애쓰는 모습이 보였다.

단순히 어린아이라서, 혹은 못하는 것이 있는 사람을 업신여겨서는 안 된다고 그냥 말로 타일렀다면 큰아이는 내 말을 이해하지 못했을 수도 있다. 그러나 아이가 직접 겪었던 안 좋은 경험을 예로 들어 자기도 똑같이 다른 사람에게 잘못하고 있다는 것을 일깨워 주면 자기 잘못을 깨닫고 반성하게 할 수 있다.

대화문을 포함시킨다

쉽게 이미지화하는 방법 중에는 대화문을 넣는 방법이 있다. 아이에게는 책을 많이 읽어주는 것이 좋은데 책을 읽어주다 보면 동화책에는 대화 장면이 많이 나오는 것을 알 수 있다. 나이 어린 아이들이 보는 유아용 책들 중에는 내용의 대부분이 대화문으로 구성되어 있는 경우도 흔히 볼 수 있다. 아이들은 동화책 속의 등장인물들에 대해 '누구누구가 이렇게 했기 때문에 이렇게 되었다'는 단순한 설명보다는 대화문을 통해 그 속에 자신이 들어가 있는 듯이 느끼며 생생하게 받아들일 수 있게 된다.

다음과 같은 상황을 한번 살펴보자.

"요전에 할머니한테 전화드렸더니 할머니가 '유리는 지금 뭐하고 있을까?'라고 하시더구나."

"어머, 할머니가?"

"그렇다니까. 그리고 '유리 본지 오래돼서 무척 보고 싶구나.'라고 하셨어."

"그래? 그럼 이번에 할머니 보러 가자."

이 상황을 "할머니 뵌 지 오래돼서 외로워하시니까 이번에 뵈러 갈까?"라고 말했다면 어떠했을까? 아이에게는 할머니가 자기를 보고 싶어 한다는 기분이 잘 전해지지 않았을 수도 있다.

아이는 머릿속에 '지금 이 순간'의 사실밖에 그릴 수 없기 때문에 시간과 장소가 떨어져 있으면 좀처럼 상상하기가 어렵다. 이것을 눈앞에서 일어나고 있는 것처럼 이미지화하는 좋은 방법이 바로 대화문이다.

대화문은 객관성과 간결성은 부족하지만 생생한 현장감과 구체성이 매우 뛰어나다. 엄마가 할머니와의 대화 내용을 그대로 대화체로 이야기해 줌으로써 할머니의 외로움이나 손녀를 보고 싶어 하는 마음이 아이에게 제대로 전해졌다. 그렇기 때문에 아이는 자신이 할머니를 만나러 가면 할머니가 얼마나 기뻐하실지를 상상할 수 있게 되었다. 이것이 대화문이 지니는 전달력이다.

리포터처럼 말한다

TV를 보면 뉴스나 요리 프로그램 등에서 활약하는 리포터들을 많이 볼 수 있다. 그들은 이른바 '전달의 프로'이다. 대부분의 시청자들은 리포터가 '무엇을 전달하고 있는지'에 관심을 가지겠지만, 때로는 '어떻게 전달하고 있는지'에 주목해 보기 바란다.

예를 들어 단풍놀이 광경을 전하는 리포터는 이런 식으로 말한다.

"여기를 봐주세요. 이 가을의 단풍을. 노랑, 빨강, 형형색색 아름다운 단풍들이 우리의 눈을 즐겁게 해주고 있습니다. 밤에도 조명이 환하게 켜져 있어 또 다른 표정의 단풍들의 매력을 맛볼 수 있답니다."

리포터가 하는 말만 들어도 프로의 화술을 엿볼 수 있다. 우선 단풍이 '눈을 즐겁게 해 준다', '맛볼 수 있다' 등 같은 말을 다른 표현으로 바꿔서 변화를 주고 있다. 또한 처음에는 시각, 다음에는 미각을 사용하여 오감을 자극한다. 이렇게 같은 상황이라도 다른 표현을 써서 다양하게 표현하면 늘 새로운 기분으로 이야기를 들을 수 있으며, 머릿속에 이미지를 더욱 잘 떠올릴 수 있다.

그러면 여러분들의 표현은 어떤지 생각해 보자.
아이가 학교에서 일어난 일이나 혹은 특별활동 시간에 일어난 일을 얘기할 때 그저 "그래? 그랬구나. 좋았겠네."라는 대답만으로 끝내버리지는 않는가? 아이는 부모의 감정을 공유하고, 손을 잡고 함께 웃는 경험을 통해 새로운 것에 도전하고자 하는 마음을 길러나간다. 부모도 기쁨과 슬픔, 행복감이나 분함 등의 감정을 전달할 수 있는 다양한 방법을 구사하여 아이를 격려하고 싶은 법이다.

예를 들어 그동안 열심히 공부했던 결과로 한자급수시험에서 3급을 따서 뛸 듯이 기쁜 마음으로 돌아온 아이에게는 다음과 같이 여러 가지 표현으로 공감해 주면 좋겠다.

"결국 따냈구나. 와우. 굉장한데?
기뻐서 눈물이 날 정도였지?"

 "정말? 잘됐구나. 오늘은 기쁨을 만끽하려무나."

 "와우, 굉장하네.
오늘은 흥분돼서 잠을 못 이루는 거 아냐?"

아이의 기분을 공감하고, 아이의 기쁨이 배가될 수 있도록 리포터처럼 다양하게 감정을 표현하고 전달할 수 있는 방법을 연구해 보자.

아이가 이해하기 쉬운
3가지 전달방법

2
지시할 때는 명확하게 전달한다

2. 지시할 때는 명확하게 전달한다

하루에 몇 번이나 아이에게 '똑바로'라는 말을 쓰고 있는지 세어본 적이 있는가?

식사 중에 밥을 흘린 아이에게 "똑바로 먹어야지!", 셔츠가 밖으로 삐져나온 아이에게 "옷을 똑바로 입어야지!", 그리고 부모가 하는 말을 건성으로 듣는 아이에게 "엄마 말 똑바로 들어야지!"라고 말한다.

우리는 이런 식으로 매일 '똑바로'라는 말을 써서 아이를 가르치려 한다. 상황과 내용이 때에 따라 전혀 다른데도 불구하고 '똑바로'라는 말에 다양한 의미를 부여하여 사용하며, 부모는 이 말로 아이에게 자신의 의사가 잘 전달되었다고 생각한다. 그러나 '똑바로'라는 말이 우리가 생각하는 것처럼 '만능약'이 될 수 있을까? 부모가 아이에게 무엇을 전하려 하는지가 과연 '똑바로' 전달되고 있을까?

한 초등학교 입학식에서 있었던 일이다. 신입생들이 앉아 있는 자리에서 안절부절 못하고 있는 아이가 있었다. 왠지 뒤쪽의 보호자석에 앉아 있는 엄마가 신경이 쓰이는 모양이었다. 힐끔힐끔 뒤를 돌아보면서 엄마를 찾고 있었는데 엄마가 보이지 않았는지 결국에는 아예 몸을 뒤로 돌려 의자 위에 무릎을 꿇고 앉아 여기저기를 둘러보기 시작했다.

이 모습을 본 엄마는 당황해서 "민우야, '똑바로' 해야지!"라고 목청껏 큰소리로 말했다. 아이는 엄마 목소리에 깜짝 놀라 앞을 보나 싶더니 겨우 엄마가 있는 곳을 찾아내어 환하게 미소를 지으며 손을 흔들었다. 그러자 엄마는 다시 한 번 "똑바로 해야지!"라고 소리쳤다.

주위에서 키득키득 웃는 소리가 들렸다. 그러자 민우는 드디어 뭔가를 이해했다는 듯이 앞쪽으로 몸을 다시 돌려 앉더니 무슨 이유에서인지 신발을 벗었다. 그리고 나서 신발을 가지런히 놓고는 살짝 뒤쪽으로 몸을 돌려 의기양양한 표정을 지었다. 엄마는 당황해서 어쩔 줄 몰라 했고, 주위 사람들도 영문을 몰라 어리둥절한 표정을 지었다.

민우는 엄마가 말한 '똑바로'라는 말을 '신발을 벗는 것'으로 잘못 이해했던 것이다. 아마도 전에 다른 집에 방문했을 때 엄마가 "신발을 똑바로 벗어 가지런히 놔야 해."라고 주의를 준 적이 있지 않았을까? 그래서 '똑바로'라는 말을 '신발을 벗는 것'과 연결 지어 이해했을 거라고 생각한다. "똑바로 해."라는 엄마의 말을 듣고 '앗, 신발을 벗어야 해.'라는 생각을 했을 아이의 모습을 상상하니 웃음이 나왔다.

"똑바로 해라.", "제대로 해라."라는 말은 여러 가지 복합적인 뜻을 포함하고 있으면서 한마디로 표현되는 대표적인 말이며, 여러 가지 다양한 상황에서 편리하게 사용되고 있다. 그러나 구체적으로 생각해 보면, '도대체 어떻게 하라는 거지?'싶은 생각이 들기도 한다. 이런 까닭에 입학식에서의 민우와 같이 잘못 이해하는 웃지 못할 일도 발생하게 된다.

민우의 엄마는 "똑바로 해야지."라는 애매한 표현이 아니라 "앞을 보고 앉아."라고 말해야 했다. 이렇게 '똑바로', '제대로'

라는 말처럼 여러 갈래로 해석이 가능한 말은 아이에게 명확한 지시를 내리기 어렵고 아이가 이해하기 어려운 말이 된다.

예를 들어 "숙제 똑바로 했어?"라는 말은 숙제를 마쳤냐는 의미인지, 모르는 것 없이 전부 다 풀었냐는 의미인지, 아니면 대충 하지 않고 성의 있게 했냐는 의미인지 명확하지 않다. 아니면 이 모든 요소를 다 의미할 수도 있다. 이 말을 하는 부모는 나름의 의도를 가지고 얘기했다 하더라도 그것이 아이에게 모두 잘 전달되는 것은 아니다. 대체로 아이는 뭐든지 자신에게 유리한 방향으로 이해하기 때문이다.

"숙제 똑바로 했어?"라고 엄마가 물으면 아이는 가장 난이도가 낮은 '숙제를 했느냐'는 말로 받아들이고 "했어."라고 대답한다. 그러나 막상 엄마가 내용을 일일이 체크해 보면 빠뜨린 것도 있고, 틀리게 한 것도 많다. 그러면 엄마는 "똑바로 안 했잖아?"라고 화를 내게 된다.

아이 입장에서 보면 엄마가 왜 화를 내는지 이해가 되지 않고, 부모 입장에서 보면 아이에게 자신의 의사가 잘 전달되지 않은 것이 답답하기만 하다.

아이에게 말할 때는 '똑바로', '제대로'라는 말은 가능하면 쓰지 않으려고 의식하기만 해도 효과가 있다. 엄마들이 '똑바로'라는 말을 쓰기 쉬운 상황에서 어떤 말로 바꿔주면 좋은지 몇 가지 구체적인 예를 들어보겠다.

"똑바로 먹어."
→"흘리지 말고 먹기로 하자~."
→"남기지 말고 전부 먹어주면 엄마가 기쁘겠는데?"
→"피망도 맛있단다."

"똑바로 말해."
→"무슨 일이 있었는지 엄마한테 가르쳐주렴."
→"다시 한 번 처음부터 말해줄래?"
→"자전거 어디가 고장 났니?"

"친구 집에서는 똑바로 해야 해."
→"친구 집에 놀러 가면 친구 엄마한테 큰 목소리로 인사하렴."
→"신발을 벗으면 같은 방향으로 가지런히 놓으렴."
→"과자는 친구 엄마가 먹으라고 하면 그때 먹으렴."

아이가 이해하기 쉬운
3가지 전달방법

3
'단계적 화법'으로
차근차근 이해시킨다

3. '단계적 화법'으로 차근차근 이해시킨다

"육아 기간은 참으로 짧단다. 아이는 눈 깜짝할 사이에 커버려서 나중에 생각하면 좀 더 잘 보살펴야 했었는데 하고 후회할 정도란다. 그럼에도 불구하고 정작 육아기간 중에는 툭하면 '빨리 빨리'라고 말해버리거든."

74세인 나의 어머니가 어느 날 아내에게 이렇게 말씀하셨다. 또한, "일생을 통해 가장 바쁜 때가 육아 기간 중이고 가장 중압감을 느끼는 시기도 바로 육아 기간 중이지."라고도 말씀하셨다. 나도 어머니의 말씀에 동감이 되었다.

아마 대부분의 엄마들은 같은 마음일 것이라 생각한다. 당장 해야 할 일과 부모로서의 책임감이 무겁게 짓눌러 초조함에 매일 정신없이 아이를 다그치고 있지는 않은지 곰곰이 생각해 볼 일이다.

조급한 마음에 아이를 다그치기만 하여 필요한 것을 제대로 이해시키지 못한 채로 방치해버리면 아이는 깊이 생각하는 능력을 키우지 못하게 되거나, 될 대로 되라는 식으로 아무렇게나 해버리는 아이가 되기 쉽다. 그렇다고 부모가 느긋하게 '세월아 네월아' 하고 있으면 행여 다른 아이들에게 뒤처지지는 않을지 불안해지는 것도 사실이다. 그렇다 해도 아이에게 뭐든지 한 번에 이해시키려고 강한 어조로 반복해서 말하면 오히려 아무 것도 전해지지 않을 수도 있다. 하나씩 차근차근 천천히 전해가도록 하자.

초등학교 3학년인 시아는 느긋한 성격으로 '마이페이스'를 고수하는 아이다. 뭔가를 하는 도중에 다른 생각에 종종 빠지고 만다. 예를 들어 산수 시험 시간에 문제를 열심히 풀다가 갑자기 도시락 생각이 나서 시험지 뒷면에 도시락 그림을 그리기 시작하다 결국 시험지는 절반 이상이 백지 상태가 되고 만다. 이런 일이 어쩌다 한 번 일어나는 것도 아니다. 미술 시간에도 그림을 그리다 마는 일이 허다하다고 담임선생님이 엄마한테 넌지시 알렸다. 그래서 엄마는 학교에서 돌아온 시아에게 왜 그렇게 했는지 물어보았다.

"시아야, 여기 이 그림 왜 반만 그리고 말았어?"
"시간이 다 돼서."
"시간 내에 다 못 그려? 다른 친구들은 전부 그렸잖니?"
"아마 그렇겠지?"
"그럼 너도 서둘러서 전부 그려야지. 산수 시험도 끝까지 안 풀어서 점수가 나쁘게 나왔잖아. 아침에도 툭하면 멍하니 있다가 매일 지각 일보 직전에 학교로 가고. 아무튼 뭐든지 서둘러서 해야 돼. 알았지?"

엄마는 무엇을 말하고 싶었을까? 시아에게 엄마가 하고 싶은 말이 잘 전달되었을까? 엄마는 처음에는 그림 이야기를 하다가 갑자기 산수 시험 얘기로 돌아서더니 끝에는 지각 이야기까지 하고 있다. 이렇게 말하면 아이는 그냥 엄마한테 야단맞았다는 기억밖에 남지 않게 된다.

엄마가 정말로 전하고 싶었던, '시간을 지켜 행동하는 일의 중요성과 노력의 중요성'을 아이에게 제대로 전달하지 못한 것이다. 다음과 같이 하나씩 단계를 밟아 얘기하면 엄마가 하고 싶은 말이 아이에게 잘 전달될 수 있다.

"시아야, 지난번 미술 시간에 그림 반밖에 못 그렸잖아? 반만 그려도 돼?"

"괜찮아. 선생님도 그릴 수 있는 데까지만 그려도 된다고 했고."

"친구들은 어땠어? 걔들도 너처럼 반밖에 못 그렸어?"

"몰라. 하지만 다들 빨리 그리니까 다 그렸을 걸?"

"그럼 너도 조금 더 서둘러서 그렸다면 다 그렸을 수도 있겠네?"

"좀 더 서두르라고? 그렇게 하는 게 좋아?"

"응. 가능하면 그렇게 하는 게 좋지. 학교 수업은 전부 시간이 정해져 있잖아? 시험도 시간 안에 답을 쓰지 않으면 점수를 못 받잖아. 그치? 그건 정해진 시간에 해야 한다는 얘기지. 엄마는 네가 요전에 본 시험도 좀 더 서둘러서 전부 답을 썼다면 더 좋은 점수를 받을 수 있었을 거라 생각해."

"흐음~"

"시간을 지켜 열심히 하는 게 처음에는 힘이 좀 들겠지만, 그림도 반만 그리면 네가 뭘 그렸는지 다른 사람은 모르잖아. 끝까지 완성시켜야 뭘 그렸는지 다른 사람들도 알 수 있고 너도 기분이 좋아지지 않을까?"

"그렇지만 난 빨리 그리는 게 어렵단 말이야.

"그야 처음엔 어렵지. 하지만 어렵기 때문에 전부 끝내면 '와, 해냈어.'라는 기분이 들지 않을까? 지금까지는 '어, 벌써 시간이 이렇게 됐어?'라는 생각이 들었지?"

"응. 시간이 너무 빨리 지나가니까."

"그럼 이번에는 한번 빨리 해보면 어떨까? 전부 끝냈을 때 '와, 해냈어.'라는 기분이 드는지 확인해 보는 게 좋지 않겠어?

"그럴까? 그럼 해볼게.

이런 식으로 아이가 이해하기 쉬운 말로 대화를 이어나가면서 '열심히 하면 시간 내에 끝낼 수 있고 성취감을 얻을 수 있다'는 사실을 단계별로 이해시키며 부모의 의사를 전달해 보자. 일방적인 잔소리를 많이 하는 부모라면 이런 방법을 활용해보는 것이 더욱 효과적이다.

3

아이의 마음을
열어주는
부모의 말투

'전달하는 힘'은
'듣는 힘'으로부터

1
**아이의 말을 가장
잘 들어주는 사람이 되자**

1. 아이의 말을 가장 잘 들어주는 사람이 되자

NHK의 '주간 어린이 뉴스'를 오랫동안 진행하면서 알기 쉬운 설명으로 인기가 많은 이케가미 아키라 씨는 베스트셀러 〈전달력〉이라는 책에서 "말을 잘 전달하려면 먼저 말을 잘 들어야 한다."고 기술하고 있다.

앞서 제2장에서는 1분 안에 핵심을 잘 전달하기 위한 구체적인 기술을 설명하였는데, 이것이 충분히 효과를 보기 위해서는 부모가 아이의 이야기에 귀를 기울이는 태도를 갖는 것이 무엇보다 중요하다.

초등학교 3학년인 예준이의 아버지에 대한 사례이다.

어느 일요일, 예준이는 아침부터 씩씩하게 공원으로 놀러 나갔다. 아이는 늘 일요일 아침 9시에 친구들과 만나기 위해 동네 공원까지 자전거를 타고 나가는 것이 습관이었다.

평소에는 어디를 가든 점심때쯤 되면 집으로 돌아와 밥을 먹었는데 그날은 12시가 넘고 오후 3시가 다 돼가도록 집으로 돌아오지 않는 것이었다. 아무리 친구와 함께 있다고 해도 아직 어린 아이라 걱정이 된 아빠는 아이들이 갈 만한 곳을 몇 번이나 둘러보았지만 예준이는 보이지 않았다. 혹시 사고라도 난 게 아닌지 걱정을 하고 있는데 공원 한켠에 놓여 있는 예준이의 자전거가 눈에 들어왔다. 가까이 다가가는데 마침 공원 화장실에서 예준이가 나오고 있었다.

"어? 아빠. 왜 왔어?"

아빠는 아무 말도 않고 예준이의 엉덩이를 세게 때리고 말았다. 예준이는 놀란 얼굴로 아빠를 쳐다보고는 울음을 터뜨렸다. 그런데도 화를 삭이지 못한 아빠는 "여태껏 어디 있었어? 빨리 집에 가."라고 호통을 치고는 예준이를 공원에 남겨둔 채

혼자서 차를 타고 집으로 가버렸다.

그러나 곧바로 '어째서 아이가 하는 말을 들어보지도 않고 그렇게 세게 엉덩이를 때리고 말았을까' 하는 후회가 밀려들었다. 아빠는 자신이 한심하게 느껴져서 집으로 돌아온 아이에게 사과를 했다.

"아까는 아빠가 미안했어. 아빠가 너무 걱정을 했었기 때문에 나도 모르게 그만 엉덩이를 때리고 말았구나."

"응, 괜찮아."

"점심은 먹었어?"

"응, 연우네 집에서 먹었어."

"연우네 집에 갔었어?"

"응. 태호도 함께 갔어."

"그랬어? 연우네 집에서 다 같이 밥을 먹었구나."

"응, 연우네 엄마가 라면 끓여주셨어."

"그렇구나. 좋았겠네. 맛있었어?"

"응, 주먹밥도 해주셨어."

아들이 무사히 돌아와 안심이 된 아빠는 예준이가 하는 이야기를 열심히 들어주었다. 아빠와 얘기를 나누는 동안에 예준이는 점심밥을 집에서 먹기로 약속했던 사실을 잊어버린 채 연락도 하지 않고 친구 집에서 먹은 일, 그리고 바로 친구들하고 노느라 연락도 하지 않고 아빠를 걱정하게 만들었다는 사실을 이해하고 잘못했다고 사과했다.

아빠는 아이가 하는 말을 들어보지도 않고 화부터 냈던 자신이 너무 부끄러워서 아이에게 때린 것을 사과하고 진심으로 반성했다고 한다. 이 이야기를 듣고 나 역시도 같은 행동을 했을 수도 있겠다는 생각이 들었다. 감정이 앞서다 보면 부모들도 간혹 잘못된 행동을 할 수도 있기 때문이다.

  아이들은 때때로 어른들이 전혀 예상치 못한 말과 행동을 할 때가 있다. 하지만 거기에는 반드시 아이 나름대로의 생각과 이유가 있다. 그러므로 아이의 말과 행동이 이해되지 않는다고 무시하거나, 흘려듣거나, 화를 내거나, 비난하기 전에 아이의 얘기를 들어보는 것이 우선되어야 한다.

  물론 부모도 머리로는 당연히 그래야 된다고 생각하면서도 실제로 행동으로 옮기기는 쉽지 않다. 그렇기 때문에 평상시에 아이의 말을 잘 들어주려는 마음가짐을 가져야 한다. 부모가 잘 들어주면 아이는 말하는 것을 즐겁다고 느끼게 되고, 가족 간에 자연스럽게 소통이 이루어지게 된다.

'전달하는 힘'은
'듣는 힘'으로부터

2
아이는 부모를 통해 가치관을 형성한다

2. 아이는 부모를 통해 가치관을 형성한다

"꽃을 본다고 배가 부른 건 아니잖아."

내가 대학생이었을 때, 어느 날 강의실에 장식해 둔 꽃을 보고 어떤 여학생이 예쁘다고 감탄하자 내 친구가 이런 말을 한 적이 있었다.

그 여학생은 물론 나도 친구가 한 말에 깜짝 놀랐다. 어쩌면 어디선가 들었던 말을 깊이 생각하지 않고 농담처럼 얘기했을 수도 있다. 그러나 어느 누구도 웃지 않았다.

아이가 자연의 경치나 꽃 등을 보고 "와, 예쁘다!"라고 감탄하는 것은 그것을 봤을 때 느끼는 기분을 사람들이 '예쁘다'는 말로 표현하는 것이라고 알고 있기 때문이다.

그러한 인식은 태어날 때부터 타고나는 것이 아니라 부모로부터 배우는 것이다. 예쁜 것을 보고 부모가 "예쁘구나."라고 하는 말의 의미가 아이에게 전달되었기 때문에 그러한 인식이 자라난 것이다. 그리고 이러한 인식들은 아이의 가치관을 형성해간다. 부모는 그런 사실을 의식하여 아이에게 긍정적인 가치관을 전달할 수 있다.

예를 들어 꽃을 봤을 때, "여기 꽃 좀 봐. 예쁘지?"라고 아이에게 질문 형식으로 말해본다. 그리고 다음에 또 꽃을 보았을 때 "아, 꽃이 피었네? 너는 어떻게 생각해?"라고 아이의 감상을 물어보자.

단순히 "꽃은 예쁜 것이다."라고 일방적으로 가르치는 것은 "저 꽃은 장미다."라고 말하는 것과 같으며, 부모의 감정이나 가치관까지 아이에게 전달되지는 않는다. 아름다운 것을 봤을 때 마음속에 싹트는 감정을 '예쁘다'라고 표현한다는 것을 아이가 이해해야지만 '파란 하늘이 예쁘다', '달님이 예쁘다'라는 표현을 할 수 있게 된다.

건강한 가치관을 길러주자

우리 부부가 아이의 학예회를 보러갔을 때 있었던 일이다.

이벤트가 끝나고 조촐한 간담회가 열렸는데 참가한 아이들에게 선물을 나눠주었다. 어린이용 문구세트를 선물로 받은 아이들은 이구동성으로 "와, 귀여워!", "이것 좀 봐!" 등등 신이 나서 떠들어댔다.

그런 가운데 "이런 거 보기 싫어. 필요 없어."라고 말하는 남자아이가 있었다. 그러자 옆에 있던 그 아이의 엄마가 "무슨 말이야? '신난다'하고 기뻐해야지."라고 아이의 말을 고쳐주려 했다.

그 모습을 보고 나는 어안이 벙벙했다. 이 엄마는 아이가 실례되는 말을 한 것에 대해서가 아니라 다른 아이들과 다른 반응을 보인 것에 대해 문제 삼고 있었다. 이 엄마는 아이가 주위 아이들의 말에 동조하여 다른 아이들처럼 말하라고 하고 싶었던 걸까? 그러나 그렇게 되면 이 아이는 자신이 느끼고 생각한 점을 솔직하게 표현할 수 없게 된다.

게다가 유심히 살펴보니 그 아이가 가지고 있는 것은 여아용 문구였다. 그러니 아이가 필요 없다고 생각한 것도 무리는 아닐 것이다. 하지만 아이 엄마는 아이가 왜 필요 없다고 말했는지 이유는 알려고 하지도 않았기 때문에 아이는 남아용 문구를 받고 싶다고 말할 기회를 놓치고 말았다.

 만약 엄마가 아이의 얘기를 잘 들어줬더라면 이 아이는 잘못된 일이 발생했을 경우 그것을 해결하기 위한 협상 능력을 익힐 수 있었을 것이다. 그러나 그렇게 해주지 않았기 때문에 아이는 자신이 생각한 대로 되지 않을 때에는 불만을 토로하거나 잠자코 있거나 할 수밖에 없을 것이다.

 아이는 부모로부터 선악을 분별하는 잣대, 사리를 분별할 수 있는 눈, 판단의 기준 등 살아가는 데 필요한 수많은 일들을 배워나간다. 부모가 아이의 솔직한 생각과 어떻게 느끼는지를 잘 듣고 알아내야만 상황에 따라 적절한 말로 아이가 건강한 가치관을 형성하도록 도와줄 수 있게 된다.

'전달하는 힘'은
'듣는 힘'으로부터

3
'지금' 안 된다면
'나중'에 들을 수 있도록

3. '지금' 안 된다면 '나중'에 들을 수 있도록

지금까지 부모가 아이의 말을 '들어주는 일'이 얼마나 중요한지에 대해 기술하였는데 바쁜 엄마 입장에서 보면 늘 아이가 하는 말에 귀 기울이는 것은 어려운 일일 수도 있다. 그렇더라도 '바쁘니까 지금 들어주는 건 무리'라고 생각하지 말고 좋은 전달 방법이 없는지 궁리해 보거나 사고방식을 바꿈으로써 극복할 수도 있다.

초등학교 3학년인 지민이는 최근 다른 동네로 이사를 가서 모든 것이 낯설기만 했다. 학교에서는 특기인 피구를 하며 친구도 만들었고, 쉬는 시간이나 방과 후에도 피구를 하다가 날

이 저물어서야 집에 돌아가는 나날을 보내고 있었다.

  지민이의 엄마는 워킹맘이라 지민이가 귀가할 즈음에야 겨우 집으로 돌아와 오자마자 저녁 준비와 빨래 등으로 눈코 뜰 새 없이 바빴다. 이런 와중에 지민이는 저녁 준비를 하고 있는 엄마에게 말을 걸었다.

"엄마! 있잖아, 내가 피구 제일 잘한다! 피하는 것도 내가 제일 잘해서 애들이 깜짝 놀라더라. 이 학교 애들은 모두 약한가 봐."

  아이는 득의양양해서 자랑삼아 이야기를 늘어놓기 시작했지만 엄마는 뒤돌아보지도 않고 저녁 짓는 일에만 열중했다.

  "응, 이제 곧 밥 먹을 거니까 식탁 좀 닦아줄래?"라는 얘기만 하고 아쉽게도 엄마는 지민이의 얘기에는 별다른 반응을 보이지 않았다.

  이런 상황은 지금 이 책을 읽고 있는 여러분들의 집에서도 자주 생기는 일일 것이다. 바쁜 어른들 입장에서는 그럴 수 있고, 별일이 아니라고 생각할 수 있겠지만 아이 입장에서는 다

커서도 그 서운했던 느낌이 생생하게 남을 정도로 무척 실망스런 경험이 될 수 있다.

아이는 실망한 나머지 식탁을 닦는 일은 물론 숙제할 마음도, 텔레비전을 볼 마음조차 사라져버릴 정도가 되었다. 그런데 이 이야기에는 반전이 있었다. 지민이의 누나도 학교에서 돌아와 모두 함께 저녁 식사를 하는 자리에서 엄마가 아까 지민이가 했던 이야기를 다시 꺼낸 것이다.

"아까 지민이가 피구 제일 잘한다고 얘기했지?
이전 학교에서도 네가 잘 했었잖아?
이 학교에서도 다른 애들보다 잘해서 좋겠네?"

엄마가 바빴을 때에는 지민이가 하는 이야기를 무시하는 것처럼 보였지만, 그때 지민이가 하고 싶은 얘기를 제대로 못했다는 것을 정확하게 기억해두고 귀 기울여 들어줄 상황이 되었을 때 그 이야기를 다시 꺼낸 것이다. 지민이는 자기가 무슨 얘기를 했는지 잊어버렸을 정도로 기뻐하면서 다시 열심히 자랑을 늘어놓았다고 한다.

이렇게 너무 바빠서 그 순간에는 아이의 이야기에 귀 기울여 들어줄 수 없는 경우도 있다. 그렇더라도 그냥 지나쳐버리지 말고 기억해두었다가 나중에 시간이 났을 때 아이의 이야기를 충분히 들어줌으로써 만회할 수 있게 된다.

아이가 하는 이야기를 지금 바로 들어줄 수 없는 경우에는 엄마가 시간이 될 때 들어주겠다는 사실을 미리 말해주는 것이 좋다.

"엄마 이것만 볶고 나서 들어줄 테니까 조금만 기다려줄래?"

"이따 목욕할 때 찬찬히 들려주렴."

이렇게 나중에라도 엄마가 정말 듣고 싶은 마음이 있다는 사실을 전해두면 아이가 실망하지 않고 기다릴 것이다. 또한, 될 수 있는 대로 빨리 들어주면 좋겠지만 때에 따라서는 그날 못 들어주는 경우도 있을 것이다. 그래도 잊지 말고 기억해두었다가 아이랑 함께 마트에 다녀올 때라든지, 목욕을 할 때, 혹은 자기 전에 이불 안에서와 같이 시간이 날 때 아이에게 그때 하려던 얘기가 뭐였는지 물어준다면 엄마가 잊지 않고 기억해 준다는 사실이 아이에게 확실히 전달된다.

　엄마랑 아빠랑 실컷 얘기를 나눴던 어린 시절의 행복한 추억이 여러분들에게도 있을 것이다. 그것은 고스란히 부모의 따뜻한 사랑으로 기억된다.

　그리하여 부모가 귀 기울여 들어주었던 기쁨을 충분히 맛본 아이는 다른 사람이 이야기할 때에도 잘 들어주려고 한다. 그것이 상대에게 기쁨을 주는 행위라는 사실을 몸소 체험하여 터득했기 때문이다.

　반면에 자기의 이야기에 귀 기울여 들어주는 이가 없는 환경에서 자란 아이는 다른 사람이 하는 이야기를 잘 들으려 하지 않게 된다. 이러한 태도가 상대에게 나쁜 인상을 줄 수도 있고, 의사소통이 제대로 이루어지지 않는 원인이 되기도 한다. 그 결과 관계를 중요시 여기는 사회에서 고립될 가능성도 있다.

　또한, 자신의 이야기에 귀 기울여 들어주는 좋은 부모가 있으면 아이는 말하기 능력도 자연스럽게 향상된다. 좀 더 많은 내용을 흥미롭게 전달하고자 다양하게 단어를 조합하여 문장을 만들어 표현하려고 노력하기 때문이다.

 부모의 듣는 힘은 아이의 소통 능력까지 키워주기 때문에 부모는 아이의 말을 '가장 잘 들어주는 사람'이 되어야 한다는 사실을 명심하기 바란다.

'전달하는 힘'은
'듣는 힘'으로부터

4
아이의 속마음을
이끌어내는 '듣는 힘'

4. 아이의 속마음을 이끌어내는 '듣는 힘'

침묵을 사용한다

원래 붓글씨 쓰기를 좋아하는 지윤이는 6개월 전부터 붓글씨 연습을 시작했다. 그런데 처음에는 즐겁게 쓰기 연습을 하는 것 같더니 최근 들어 흥미가 줄어든 모양이었다. 이런 아이가 걱정이 되던 차에 붓글씨 대회 안내장이 날아왔다. 지금까지 연습한 성과를 확인해 볼 수 있는 기회라 생각한 엄마는 지윤이에게 주저 없이 도전해 보라고 권했다. 입상하면 시에서 주최하는 전람회에 전시되기 때문에 자신감도 생길 테고 돋보이고 싶어 하는 지윤이가 폴짝폴짝 뛸 정도로 기뻐할 것이라고 생각했다. 하지만 아이는 예상 밖의 대답을 했다.

"음~ 아직은 무리야. 선생님한테 빨간 색으로 지적받은 곳도 한둘이 아니고." 라면서 별 흥미를 보이지 않는 것이었다. 엄마의 마음속에는 '모처럼 좋은 기회라고 생각해서 얘기했는데 무슨 소리야?'라는 생각이 들어서 자신의 기대를 아이에게 강요하고 싶다는 마음이 들끓었다. 엄마는 마음이 언짢아 잠시 아무 말도 하지 않았다. 그렇게 수십 초 동안 침묵이 흘렀다.

"그게 서예 선생님이 장난으로 글쓰기 하면 안 된다고 하더라고."

잠시 후, 갑자기 아이는 엄마가 예상하지 못한 얘기를 했다. 자초지종을 물어보니 지윤이는 서예 교실에서 선생님이 주의를 준 것을 듣고, '즐겁게 글을 쓰면 안 돼. 놀이가 아니니까.'라는 뜻으로 이해했던 것이다. 그러나 지윤이의 역동적인 글씨체를 잘 알고 있는 엄마는 아마도 서예 선생님이 지윤이가 장난으로 그렇게 쓰는 거라고 오해하여 주의를 주신 거라고 직감했다. 그래서 엄마는 지윤이에게 선생님이 하신 말씀의 의미를 잘 설명해 주고, "그러니까 즐겁게 붓글씨 연습해도 된다."고 얘기해 주었다. 그랬더니 그제야 아이가 붓글씨 대회에 나갈 마음이 생겼다고 했다.

지윤이 엄마한테서 이 이야기를 들었을 때, 아이와 대화를 나누는 중에 때로는 '침묵하는 일'도 중요한 역할을 한다는 사실을 깨달았다.

아이의 태도에 의문이 생길 때 걸핏하면 부모들은 시시콜콜 물어보려고 한다. 부모 입장에서는 당연히 아이의 속마음을 끄집어내기 위해서 그렇게 하는 것이겠지만, 질문 방식이 잘못될 경우 부모는 자신들이 듣고자 하는 대답을 유도하거나 아이의 말을 들어보기 전에 아이의 생각을 대신 대답해 준다는 식으로 자신의 기대를 말해버리는 우를 범하는 일도 종종 있다.

> **사례 1**
>
> "왜 그래? 어차피 붓글씨 연습도 하고, 대회 까짓 거 나가보지 그래?
>
> ('서예 교실까지 보내주는데 더 열심히 해야지.' 라는 과잉 기대가 담겨 있는 잘못된 질문)

> **사례 2**
>
> "상을 못 받을 거라고 생각해? 괜찮아.
> 절대 안 떨어질 테니까."
>
> (아이의 속마음을 멋대로 상상하여 대신해서 대답해 주고 있다고 착각하는 잘못된 질문)

 이런 질문들은 아이에게 스트레스를 안겨줄 뿐이다. 아이가 속마음을 말하기보다 오히려 더 꼭꼭 감추게 만들어버릴 수도 있다. 이렇게 되면 아이의 진짜 속마음을 알아내기는 무척 어려워진다. 아이의 속마음에는 부모가 전혀 생각지 못한 일이나, 알 수 없는 사실이 들어 있는 경우도 종종 있다. 부모에게 말하지 않겠다는 태도에는 아이 나름대로의 사정이 있다는 점을 명심하기 바란다.

 질문을 통해 아이가 압박감을 느끼게 하기보다는 침묵하여 아이의 말을 기다리는 편이 유용한 '전달 방식'이 될 경우도 있다.

들을 때에는 아이의 기분이 되어

그러나 침묵해도 아이가 끝내 이야기하지 않을 때도 많다. 그런 경우에는 어떤 식으로 물어보면 좋을까?

예를 들어 아이가 아침에 좀처럼 일어나지 않기에 깨우러 갔더니, "감기 걸려서 오늘은 학교를 쉬고 싶다."고 한다. 그런데 열도 별로 없고 감기 증상은 전혀 보이지 않는다. 그러면 엄마는 이런저런 생각이 들게 된다.

'왜 학교에 가기 싫어할까? 혹시 학교에서 따돌림을 당했나? 아니면 공부를 따라가기가 힘든 걸까?'

그러면 대부분의 엄마들은 "학교에서 안 좋은 일 있었어?"라고 물어본다. 그러나 이것은 분명히 나쁜 일이 있었다는 전제 하에 하는 질문이다. 아이의 기분이나 마음 상태에 초점을 맞추는 것이 아니다. 이래서는 아이의 진실을 알아내기 어렵다. 이런 경우에는 시간을 좀 두고 나서 이렇게 질문해보자.

"학교 안 가도 괜찮아?"

이 질문은 아이의 기분에 초점을 맞추고 있다. '네가 얘기하고 싶은 게 있으면 얘기할 수 있을 때 얘기하렴.' 이라는 뉘앙스가 내포되어 있다.

아이의 속마음을 듣고 싶을 때에는 부모의 기분을 강요하지 말고 아이 자신의 기분에 초점을 맞추는 것이 중요하다.

"아이의 문제는
부모가 바뀌면 해결된다."

아들러 (Alfred Adler)

아이를 성장시키는 대화법

바르게 전할 때
아이는 성장한다!

1
의욕을 높이는
격려의 3단계

1. 의욕을 높이는 격려의 3단계

아이가 하는 말을 귀 기울여 듣고, 1분이라는 짧은 시간 내에 부모가 하고 싶은 말을 알기 쉽게 전하는 것이 중요하다. 이렇게 하는 최종의 목적은 '아이의 건전한 성장'을 위한 것이다.

이 장에서는 아이가 스스로 꿈을 이룰 힘을 키울 수 있도록 용기를 주고 격려하기 위한 전달 방법에 대해 설명하기로 하겠다.

부모가 아이에게 자신의 생각을 전하는 것은 주의를 주거나 가르치거나 할 때만은 아니다. 아이가 풀이 죽어 있거나 마음의 상처를 입었거나 의욕을 잃었거나 할 때야말로 부모는 더욱 힘이 되어주고 싶은 법이다. 그러나 빨리 기운을 차리기를 바라거나 적극적으로 다시 도전해 보기를 바라는 마음으로 한 말이 오히려 아이에게 생각지도 못한 심리적 압박을 주는 결과를 낳을 수도 있다. 반면에, 그냥 두는 게 낫겠다 싶어 생각해서 배려해 준 것이 방치나 무관심으로 받아들여질 수도 있어 본래의 의도와는 정반대의 결과가 되어버리는 경우도 있다. 부모의 애정이 아이에게 전해지지 않고 오히려 마음의 성장을 방해하는 결과가 된다면 참으로 안타까운 일이다.

 아이는 어려움의 벽에 부딪히고 그것을 극복함으로써 성장해간다. 수차례 벽에 부딪혀도 포기하지 않는 강인함과 도전하려는 의욕을 길러주기 위해서는 올바른 방법으로 격려하고 칭찬하며 아이의 자존감을 높여줄 필요가 있다. 구체적으로 어떻게 하면 부모의 마음을 잘 전달할 수 있을까?

부모의 생각을 강요하지 않는다

초등학생 동희 어머니의 사례이다. 동희는 겨울에 매월 실시되는 학교 마라톤 대회에 참가하곤 했는데 약 30명의 참가자 중 7~8등 정도 한다고 했다. 조금만 더 분발하면 상위 그룹으로 올라갈 수 있을 것 같은데 마지막 스퍼트를 내지 못해 늘 제자리걸음 상태였다. 엄마로서는 그런 상황이 무척 안타깝기도 하고 1등은 못하더라도 아이가 상위권을 목표로 열심히 분발하려는 마음을 가져야 한다고 늘 생각하고 있었다.

아들을 어떻게 해서든지 격려하고자, 추운 겨울인데도 불구하고 엄마는 매번 레인 옆에 서서 큰소리로 아들을 응원했다.

"더 빨리 뛰어."
"조금만 더 가면 돼."
"뭐해? 어서 속도를 더 내야지."

주위를 보니 다른 엄마들도 목청껏 응원하고 있었다. 동희의 어머니도 질세라 더 크게 응원을 했지만 이번에도 결과는 8등에 머물렀다.

'전혀 나아지지 않았어.'

엄마는 실망해서 달리기를 끝내고 돌아온 아들에게 물병을 건네면서, "동희야, 좀 더 빨리 달릴 수 있잖아. 좀 더 열심히 하면 다음에는 3등 정도는 할 수 있을 거야."라고 말했다.
하지만 정작 아이는 엄마의 말은 전혀 신경 쓰지 않고 다음 조의 경기에만 관심을 두고 지켜보고 있었다.

"와, 준이다! 굉장해. 정말 빠르네. 멋지다."

아이는 마라톤에서 1등을 차지한 친구에게 진심으로 감탄하며 기쁜 듯이 미소를 머금고 손을 흔들고 있는 것이었다.
엄마는 속이 상해서 무심결에, "동희야, 넌 분하지도 않아? 준이를 이겨보고 싶다는 생각은 안 들어?"라고 조금 더 강경한 말투로 말해버렸다.
아이를 격려하기 위해 부모가 범하기 쉬운 실수 중의 하나가

'너는 ~하고 싶다는 생각 안 들어?'라는 말이다. 이것은 부모의 생각을 강요하는 말이다. 이기고 싶다고 생각하는 것이 일반적이니까 당연히 너도 이기고 싶다고 생각해야 한다는 강제가 그 말 속에 담겨 있는 것이다. 그렇게 되면 아이는 부모에게 아무것도 말하지 않게 된다.

또한 아이 나름대로 열심히 노력하고 있는데도 결과가 이에 못 미칠 경우에는 이것만큼 듣기 힘든 부모의 말도 없을 것이다. 이런 경우에 아이의 의지를 북돋아 주고 싶다면 이렇게 3단계로 말하면 좋겠다.

 **Step 1** 현재의 상태를 인정하고 있는 그대로를 받아들인다

 "8등이네. 열심히 잘 달렸구나. 어땠어? 숨찼어?"

 "도중에 넘어질 뻔했어. 그래도 안 넘어졌어."

 "그래? 다행이구나. 넘어지지 않고 잘 달렸어."

격려하고자 할 때에는 현재의 상태를 인정하는 것부터 시작하자. 30명 중에서 8등을 한 것도 열심히 노력한 결과니까 늘 7~8등을 왔다 갔다 한다고 실망스럽게 생각하지 말기 바란다. 8등으로 들어온 아이는 완주했다는 기쁨에 엄마가 있는 곳으로 달려온 것일 텐데 눈이 마주친 순간 엄마가 실망한 표정을 지어 보이면 아이가 얼마나 슬플지 상상해 보기 바란다.

반대로 아이 자신이 만족스럽지 못한 순위로 실망해서 돌아왔을 때에도 엄마가 만족스런 표정으로 활짝 웃으며 아이를 맞아주면서, "열심히 잘 달렸구나."라고 칭찬해 주고 머리를 쓰다듬어준다면 아이는 바로 실망한 마음이 풀어질 것이다.

부모가 아이에게 말하고 싶은 것이 있더라도, 아이가 현재 그것을 받아들일 수 있는 마음 상태인지를 먼저 살펴보아야 한다. 부모가 아이의 마음 상태를 인정하고 받아들이면 아이의 마음이 안정되어 부모의 말을 들을 준비를 하게 된다.

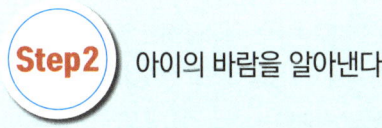 아이의 바람을 알아낸다

현재의 상태를 인정하고 열심히 했다는 사실에 대해 칭찬하고 나서 다음 단계로 들어가자.

 "열심히 달렸구나. 다음 달에 또 대회가 있는데 그때는 몇 등 하고 싶어?"

 "글쎄. 5등 정도?"

 "5등? 그럼 3명을 더 이겨야겠구나."

 "음, 그럴 수 있을까?

걱정스런 말과는 달리 아이는 눈이 반짝반짝 빛나고 있을 것이다. 목표는 부모가 아니라 아이가 직접 정하게 해야 주체적으로 열심히 목표를 향해 노력할 수 있다. 부모가 목표를 정해주고 그것을 향해 의도적으로 분발하게 유도하면, 나중에는 스스로 목표를 설정할 수 없는 아이가 되고 만다.

부모가 "다음에는 3등 해야 돼."라고 정하지 말고 아이가 몇 등을 하고 싶은

지를 물어보고 아이 스스로 목표를 정하도록 하는 것이 진정한 격려가 될 수 있다. 그러므로 이번에 8등 한 아이가 다음에 7등을 목표로 삼았다고 해도, "겨우 7등이라고? 적어도 3등 정도는 목표로 삼아야지."하고 강요해서는 안 된다. 아이 자신이 정한 목표를 존중해 주자.

아이의 성격은 다 다르다. 이 정도면 달성할 수 있을 것 같다는 다소 낮은 목표를 세우는 아이가 있는 반면에 다음에는 1등 할 거라고 목표를 높게 세우는 아이도 있다.

신중하게 목표를 세우려는 아이에게 좀 더 목표를 높게 잡도록 요구하거나, 부모 눈에는 무모하게 보일 정도로 목표를 높게 잡는 아이에게 "그건 무리잖아?"라고 부정할 필요도 없다. 이런 부정적인 반응이 계속 되면 아이는 점차 목표에 대해 말하지 않게 된다.

"그래? 그럼 더 열심히 달리기 연습해야겠네?"라고 웃는 얼굴로 인정해 주는 것이 아이에게는 제일 좋은 격려다.

 **구체적인 방법을 생각하게 한다**

목표가 정해지면 다음은 목표를 실현하기 위해 어떻게 할지를 생각해야 한다. 단, 이때도 부모가 이끌고 싶은 마음은 참고, 아이 스스로 생각하게 만드는 일이 중요하다. 부모가 할 수 있는 일은 아이가 잘 생각할 수 있도록 도와주는 일뿐이다.

"그럼 다음번에 5등을 하려면 어떻게 더 빨리 달릴 수 있을지 생각해 볼까?"라는 식으로 아이가 구체적인 방법을 생각할 수 있도록 보조 질문을 해주는 것이 좋다.

 "1등 한 준이는 달릴 때 다리를 크게 벌리는 것 같던데? 그리고 팔도 힘차게 흔들었어. 그렇게 하면 좀 더 빨리 달릴 수 있을까?"

부모 눈에 개선해야 될 점이 보이더라도 "이렇게 하는 게 좋아!", "이렇게 하면 안 돼!"하고 지적을 하면 아이는 강요당한다고 여겨져서 노력하려는 의욕이 사그라들 가능성이 있다.

지도하려고 하지 말고, 그냥 본 그대로 감상을 말하는 것처럼 자연스럽게 이야기하자. 그러면 아이는 "다리를 크게 벌린다고? 팔도 힘차게 흔들었어? 나도 그렇게 해봐야지."라고 말하면서 바로 연습해볼 수도 있고, 나중에라도 그 말이 생각나서 시도해 볼 수 있다. 그때 그 시도가 도움이 되어 조금이라도 더 빨리

달리게 되었다고 느꼈다면 아이의 마음속에서 상위권에 들고 싶다는 욕구도 높아질 것이다.

단순히 '열심히 하자'는 말로만 격려해서는 설령 어느 날 평소보다 빨리 달렸다고 하더라도 그것이 단순히 열심히 뛴 성과인지 아닌지 알 수 없다. 목표를 '다리를 크게 벌리고 팔을 힘차게 흔든다'는 구체적인 실행 방법으로 적용시켰기 때문에 아이도 그 성과를 실감할 수 있게 되는 것이다.

또한, 그 성과를 실감하게 된 아이가 "엄마, 봐봐, 좀 빨라졌지?"라고 확인을 요구하는 일도 있다. 그런 경우에는 "빨라졌어. 전보다 빨라." 또는 "좀 더 앞쪽으로 몸을 기울여 달리면 더 빨리 달릴 수 있게 될 걸?"하면서 구체적으로 대답해 주면 아이의 마음에 와 닿을 것이다.

요컨대 '격려'란 아이에게 도전할 의욕이 생겨나도록 구체적으로 어느 부분을 잘했는지 콕 집어 인정해 주고, 칭찬해서 용기를 불어넣어 주는 일이다.

이것은 공부의 경우에도 마찬가지다. 시험을 봤는데 그리 좋은 점수를 받지 못했을 때, "뭐야? 60점이야? 좀 더 열심히 공부해야지."라고 핀잔을 듣는다면 아이는 실망해서 공부할 마음이 생기지 않을 것이다. 인정받은 경험이 없으면 무작정 열심히 하는 것은 불가능하다.

"한 문제도 빠짐없이 답을 적는 게 중요한데 다 적었구나. 열심히 했구나."

"이 한자 쓸 수 있었어? 대단하네?"

이렇게 사소한 부분이라도 반드시 칭찬해 줄 점을 발견해서 격려해 주도록 하자. 그리고 아이가 노력한 부분을 칭찬한 뒤에는 아이의 다음 목표를 물어본다.

"다음에는 몇 점 맞고 싶어?

"엄마도 초등학생 때 한자 외우기가 힘들어서 작은 공부 카드를 만들어 거기에 한자를 써서 외우기도 하고, 아침에 일어나서 전날 외운 한자를 또 한 번 보기도 했단다. 그렇게 했더니 점점 많이 쓸 수 있게 되더라. 유미는 어떤 식으로 할 거야?"

아이가 스스로 목표를 정했다면 부모는 그 목표를 존중해 주고, 다음 단계로 아이가 목표를 달성하는 데 필요한 구체적인 방법들을 제안하면서 아이 스스로 생각해서 선택하고 결정하도록 하자.

바르게 전할 때
아이는 성장한다!

2
지나친 격려는 역효과

2. 지나친 격려는 역효과

앞에서도 언급했듯이 격려할 생각으로 했을지라도 다음과 같은 말들은 오히려 아이의 의욕을 저하시킬 수도 있다.

"너라면 할 수 있어."
"너라면 반드시 해낼 거야."

이런 말이 왜 역효과를 가져오는지 놀라는 분들도 많을 것이다. 언뜻 보면 아이의 능력을 믿고 의욕을 높여주는 격려로 들리지만, 이것은 부모의 과잉 기대를 강요하는 것으로 받아들여질 위험성이 있다.

아이가 자신감이 있고 도전하고자 하는 의욕도 충만할 경우에는 이런 말이 응원이 되고 발전에 도움이 될 수 있지만, 부모가 이것을 남용하여 뭐든지 "너라면 할 수 있어."라고 한다면 아이는 '이렇게 기대를 받고 있는데 안 되면 어쩌지?'하고 부모를 실망시키게 될까봐 두려운 마음을 가지게 된다. 이것이 반복되면 뭔가에 도전할 때 실패가 두려워서 "나 피곤해.", "지금은 됐어." 라는 식으로 주저하게 된다.

그럴 때 "그런 말 하면 안 돼. 너는 꼭 해낼 수 있다니까!"라고 강하게 밀어붙이면 아이의 마음은 불안감으로 가득 차게 되고, 평소에 할 수 있던 일도 못하게 되는 경우가 생긴다. 그리고 "역시 난 안 돼.", "기대를 저버렸어. 나한테 실망했을 거야."라며 자신감을 잃게 되기도 한다.

아이와 함께 야구연습장에 갔을 때 있었던 일이다. 아들을 처음 데리고 온 듯한 아빠와 여섯 살쯤 되어 보이는 남자아이가 있었다. 아이는 한 번도 야구를 해본 적이 없었는지 날아오는 공을 보며 머뭇거렸다.

"공이 너무 빨라서 못 치겠어."
"괜찮다니까? 그렇게 빠르지 않아. 너라면 꼭 칠 수 있을 거야. 자, 다시 한 번 쳐봐."

아빠는 무서워하는 아이를 타일렀지만, 아이는 또 배트에 공이 맞지 않을까봐 불안해서 주저하며 공을 치지 못했다. 아빠의 말은 아이의 불안감을 떨쳐주기는커녕 오히려 불안감을 증폭시키고 있었다.

"왜 그래? 쳐봐. 치라니까? 자꾸 쳐봐야 칠 수 있게 되지."
"그렇지만 공이 너무 빠르잖아."
"이게 가장 느리게 던진 건데? 이 이상 느리게 던지면 야구가 아니지. 그러니까 한번 쳐봐."

아이는 불안한 마음을 떨쳐버리지는 못한 것 같았지만 아빠의 말에 등 떠밀리다시피 해서 마지못해 다시 부스로 들어갔다.
헛스윙. 또 헛스윙. 이제 아이는 필사적이 되더니 세 번째 헛스윙을 날리고는 그만 울음을 터뜨리고 말았다.

그러나 이때 아이 아빠가 보여준 행동은 너무도 훌륭했다. 아빠는 곧장 부스 안으로 들어가 아이를 따뜻하게 꼭 안아주고는 아직 공이 남아 있는 것은 신경도 쓰지 않고, "괜찮아. 역시 공이 너무 빨랐지?"라고 말하면서 머리를 쓰다듬어 주었다. 덕분에 아이는 5분도 채 지나기 전에 아무렇지도 않은 듯이 태연하게 다른 게임을 즐길 수 있었다.

이렇게 "너라면 할 수 있어."라는 말은 때로는 격려라기보다 압력으로 받아들여질 수가 있다. 불안해서 어쩔 줄 모르는 아이에게 "해보지도 않고 자신 없는 소리를 하냐."며 짜증 섞인 반응을 보이지 말고 아이의 불안감을 떨쳐주는 데 먼저 관심을 기울이도록 하자.

바르게 전할 때
아이는 성장한다!

3
격려에도 준비가 필요

3. 격려에도 준비가 필요

여러분은 혹시 최근에 아이를 격려했던 상황이 있었는가? 그리고 격려해 주기 전에 '이런 일이 있으면 이렇게 격려해야지.'라고 생각해 본 적이 있었는가?

아마도 대부분의 사람들은 아니라고 대답할 것이다. 계획을 세워서 준비를 한 다음 격려한다는 게 자연스럽지 못하고, 그 계획대로 잘 되리란 보장도 없다고 생각할 수 있다. 그러나 역으로 생각해 보기 바란다. 아무런 준비 없이 아이의 마음에 와닿는 격려를 해줄 수 있을까?

초등학교 2학년인 예나는 알아주는 울보다. 작은 일에도 울음을 터뜨리고, "왜 그래? 무슨 일이야?"라고 물어도 아무 대답도 안 하고 울기만 했다. 엄마는 이렇게 나약한 예나가 걱정이 되어 일을 하다가도 불현듯 아이가 울고 있는 건 아닌지 걱정이 되곤 했다. 도대체 예나는 언제부터 울보가 되었을까?

엄마는 과거를 돌아보았다. 예나가 네 살 쯤 되었을 때 남동생이 태어났다. 그때 예나를 1주일 정도 보육원에 맡겼던 적이 있었다. 그곳에 가 있는 동안에 예나는 하루 종일 울었다고 한다. 아이를 데리러 갔을 때에는, 울기만 하고 밥을 잘 먹지 않아서였는지 비쩍 말라 있었다.

'그때부터 아이가 울보가 된 거였어. 지금 생각해 보니 엄마한테서 갑자기 떨어져서 불안하고 슬펐을 거야. 도대체 얼마나 울었을까?'

예나가 집으로 돌아오고 나서도 엄마는 동생을 돌보느라 예나를 제대로 안아주지도 못했던 것을 기억해 내고는 가슴이 시려왔다.

엄마는 지금부터라도 아이를 따뜻하게 보듬어줘서 원래의 밝고 명랑한 아이로 돌아올 수 있도록 가능하면 작은 일에도 칭찬을 해주고 예나와 함께하는 시간을 좀 더 갖자고 결심했다.

그 후로는 예나가 무조건 "싫어."라고 말해도 "싫어? 그렇구나. 예나가 자신의 기분을 말할 수 있어서 다행이야."라고 아이가 감정을 표현하는 것에 대해 가능한 긍정적으로 칭찬했다. 그리고 매일 어떤 식으로 칭찬해 주면 좋을까를 생각하여 열심히 실행에 옮겼다.

얼마 지나지 않아 예나는 우는 횟수가 조금씩 줄어들기 시작했다. 성격도 조금씩 밝아졌고 친구들과도 힘차게 노는 활발한 아이가 되어갔다.

칭찬이 아이에게 가장 좋은 격려 방법이라고 해서 아무 생각 없이 무작정 칭찬만 해주면 안 된다는 것은 이미 앞에서 설명했다. 우선은 '아이를 칭찬해 줘야지'라는 결심이 필요하다는 사실을 기억하자.

그리고 칭찬 받은 아이가 기쁜 얼굴로 눈을 반짝이는 모습을 상상하고 그 표정을 끌어내기 위해서 내 아이에게 필요한 여러 가지 격려 방법을 생각해놓고 시의적절하게 표현해 보자.

'어떻게 말하면 좋을까?'

'이런 일을 칭찬해 주면 좋아하지 않을까?'

'아침에 하는 게 좋을까, 아니면 학교에서 돌아왔을 때가 좋을까, 언제 칭찬하는 것이 더 효과적일까?'

'설마 이걸 칭찬해 줄 거라고는 생각하지 못했겠지?'

바르게 전할 때
아이는 성장한다!

4
실수와 실패는 성장의 기회

4. 실수와 실패는 성장의 기회

아이가 어떤 일에 실수했을 때 부모가 아무 생각 없이 야단을 치고 화를 내면 아이는 겁에 질려 '다음에는 실수하지 않아야지.', '야단맞지 말아야지.' 하면서 점점 위축되어간다.

어떤 부모들은 마치 '호랑이 선생님'처럼 야단을 침으로써 아이를 분발하게 만든다고 생각하는 사람도 있다. 즉 '격려 수단'의 하나로 야단을 치는 것이다. 하지만 지금까지 살펴본 바와 같이 부모의 생각을 일방적으로 강요하는 것만으로는 아이에게 '열심히 했으면 좋겠다.'는 부모의 의도가 제대로 전달되지 않는다.

이런 상황을 겪어본 부모들도 있을 것이다.

바쁜 아침 식사 시간에 아이가 된장국 그릇을 엎질러 교복에 쏟았다고 가정해 보자.

1분 1초가 아까운 바쁜 아침시간이라 엄마의 분노 게이지는 순간적으로 극에 달하고, "뭐하는 거야? 멍하니 있으니까 그렇지. 조심해야지!"라고 아무 생각 없이 소리를 지르고 만다. 하지만 이렇게 한다고 해서 아이가 엎지른 된장국을 다시 주워 담을 수는 없다. 이런 상황에서 엄마는 화를 꾹 참고 우선은 엎질러진 국부터 치워야 한다.

그다음에 개선책을 제안한다. 그리고 아이의 실수를 아이 탓으로만 돌리지 말고 엄마가 실수한 부분도 인정하고 '엄마도 반성할게.'라고 마음을 표현한다면 최고의 모습이다.

 "괜찮아? 어디 덴 데 없어?"

 "응, 괜찮아."

 "다행이네. 그럼 국 엎지른 데 닦아야 하니까 걸레 가지고 올게."

"교복에도 국이 튀었네.

 "밥 먹고 나서 교복으로 갈아입을 걸 그랬지? 앞으로는 그렇게 할까?"

 "응, 그렇게 할게."

 "엄마도 거기까진 생각 못 했네. 덕분에 좋은 공부했네."

  자신이 실수한 일에 대해 엄마가 질책하거나 비난하지 않고, 대책을 세우고 공부가 되었다는 말까지 해준다면 아이는 벌을 받을 거란 두려움에서 벗어날 수 있다. 그리고 앞으로는 더 조심해야겠다는 의식이 자연스럽게 생겨난다. 큰소리로 야단치게 되면 아이는 빨리 이 자리에서 벗어나야겠다는 마음만 강해져서 반성하는 마음보다는 공포감이 앞서게 될 것이다.

  아이가 실수를 저지르거나 실패를 경험했을 때 부모가 어떤 태도를 취하느냐에 따라 아이의 정신적인 성장이 좌우된다. 야단을 맞고 부모를 무서워하게 되면 실수를 숨기려 드는 아이로 자란다. 그러나 야단치기보다 그 일에서 교훈을 얻을 수 있게 해주면 도전하려는 의욕이 자라게 되고 실수나 실패를 두려워하지 않는 진취적인 정신이 몸에 배게 될 것이다. 아이가 실수하거나 실패하게 되었을 때 부모가 정말로 바라는 것은 아이가 두려워하지 않는 강인한 마음을 갖게 되는 것이 아닐까?

큰 실수일수록 차분하게 대응한다

다음으로 학교에서 발생할 수 있는 사고의 경우에 대해 생각해 보자.

어느 날 초등학교 4학년인 준호 엄마는 담임선생님으로부터 오늘 준호가 같은 반 친구 난희를 다치게 했다는 말을 듣고 놀랐다.

아마도 방과 후에 교실 창문 쪽에서 싸움이 벌어져 난희의 손가락이 창문 틈에 낀 모양이라고 선생님은 말했다.

이럴 때 당신이라면 어떻게 대응할 것인가? 친구를 다치게 하고, 게다가 그 사실을 엄마한테는 말하지 않았다는 사실에 화가 치밀어오를 것이다. 그러나 이런 때일수록 평정심을 찾는 것이 중요하다. 우선은 아이에게 자초지종을 듣고 상황을 파악하는 일부터 시작하자.

"오늘 학교에서 난희랑 무슨 일 있었어?"

"내가 창문 쪽에 있는 책상에 올라가 있었는데 난희가 창문을 닫으려고 하기에 몸이 끼일 것 같아서 창문을 반대쪽으로 밀었더니 난희 손가락이 창문 틈에 끼고 말았어."

"난희가 왜 창문을 닫으려고 했어?"

"창문 쪽에 있는 책상은 청소 시간 외에는 올라가면 안 되는데 내가 올라가서 놀고 있어서."

"난희한테도 잘못이 있겠지만 네가 먼저 규칙을 어긴 거였네?"

"응."

"그럼 누가 먼저 사과해야 된다고 생각해?"

"나라고 생각해. 내일 학교 가서 난희에게 사과할게.

"선생님께 얘기 들었을 때는 정확하게 어떻게 된 일인지 몰라 깜짝 놀랐는데 솔직하게 얘기해줘서 고마워. 앞으로는 무슨 일이 있든지 엄마한테 꼭 말해주렴."

아이가 스스로 자신의 잘못에 대해 먼저 말할 수 있도록 유도하고, 사실대로 말한 행동에 대해 칭찬해 주자. 그래야 아이도 혼날까봐 두려웠던 마음이 안정이 되어 자연스럽게 반성할 수 있게 된다.

아이가 한 행동에 대해 무작정 야단치는 일은 절대로 하지 말아야 한다. 용기 내서 자신의 잘못을 말했는데 야단만 맞는다면, 아이는 앞으로 자신에게 불리한 일은 될 수 있는 대로 이야기하지 않게 되어 나중에 더 큰 문제가 벌어질 때까지 부모가 전혀 모르는 상황이 생길 수도 있다. 실수와 실패가 성장의 기회로 바뀔 수 있을지의 여부는 부모의 대응 방식에 달려 있다.

바르게 전할 때
아이는 성장한다!

5
아이의 눈높이로 이야기한다

5. 아이의 눈높이로 이야기한다

아이와 이야기할 때에는 아이와 눈높이를 맞춰야 한다고 하는데 이것은 언어 사용에서 뿐만 아니라 감정적인 면에서도 아주 중요하다.

예를 들어 아이가 뜀틀을 좀처럼 넘지 못한다고 가정해 보자. 이때 부모가 취하는 태도는 대체로 다음 중 하나이다.

비교

"다른 애들은 넘었지?"
(넘지 못한 것이 강조되어 자신은 안 된다고 부정적으로 생각하게 된다.)

> **부정**
>
> "그럼 안 되지. 그 정도도 못하고 어떻게 해?"
> (중압감을 느끼고 도전할 의욕조차 잃게 된다.)

> **자랑**
>
> "엄마가 너만 했을 때는 뜀틀 정도는 쉽게 넘었지."
> (부모와 닮지 않았다고 느껴 소외감을 가지게 된다.)

> **방임**
>
> "뭐 어쩔 수 없지. 못 넘으면 어때?"
> (자신에게 관심을 가지지 않는다고 느껴 포기하는 것이 빨라진다.)

> **위압**
>
> "아무렇게나 넘어서 그렇지. 이번엔 똑바로 넘어. 안 그러면 엄마한테 혼난다."
> (혼날 것을 생각해서 위축되어 실패를 감추게 된다.)

아이가 뭔가를 해내지 못했을 때 부모는 무심코 못한 점을 지적하고, 그 점을 고치도록 지도하기 쉽다. 이렇게 하는 것이 성공으로 가는 지름길이라 생각하기 때문이다. 그러나 이렇게 하면 아이에게는 "너는 안 되는 애야."라고 반복해서 말하는 것으로 여겨질 뿐이다. 그러면 점점 도전하려는 의욕이 없어질 수밖에 없다. 게다가 '할 수 있는' 아이로 끌어올리려고 부모의 눈높이에서 정한 목표를 아이에게 강요하는 것이 되기 때문에 아이는 따르기 싫어진다.

부모가 자신의 눈높이로 아이를 대하고 있지는 않은지 늘 의식하면서, 안 되는 일이 아니라 우선은 되는 일에 주목하여 긍정적인 말을 하도록 명심하자.

뜀틀을 예로 들면, 이렇게 말해보자.

"뜀틀이 조금 더 낮으면 덜 무섭지 않을까?"

"뜀틀 넘기 전에 우선은 점프 연습부터 해볼까?"

이런 식으로 뜀틀 단이 조금 낮아지면 뛰어넘을 수 있는지, 점프력이 부족해서 높이 뛰어오르는 것을 잘 못하는 것은 아닌지 확인한다. 전자의 경우라면 낮은 뜀틀부터 넘는 연습을 시켜 자신감을 얻게 해주면 되고, 후자의 경우라면 지면에 선을 그어 "여기서부터 여기까지 점프해 보자."라는 식으로 서서히 점프 연습을 시켜보는 것도 좋을 것이다. 그리고 성공하면 격려를 해주고 단계를 높여가자.

"이 정도 높이는 쉽게 넘었네? 그럼 좀 더 높은 뜀틀은 어떨까?"

"우와! 해냈어. 더 높은 뜀틀도 넘었잖아?"

가능한 일에 주목한다는 것은 아이의 눈높이에 서서 함께 같은 목표를 향해 계단을 올라가는 것과 같다. 부모와 함께하기 때문에 아이는 안심하고 도전할 수 있다.

하지만 이렇게 하는 것이 말처럼 그리 쉬운 일이 아니라는 것은 나도 이미 경험해 보았다.

"아빠가 어렸을 때에는 이런 일쯤 하나도 무섭지 않았어."

처음 경험하는 일이라 위축되어 있는 아이에게 용기를 줄 겸해서 의기양양하게 한 말이었는데, 현실은 전혀 다른 방향으로 흘러갔다. 아빠가 우월감에 젖어 있다는 것을 아이도 느꼈던 것이다. 아이는 분발하기는커녕 불만 가득한 얼굴로 어디론가 가버리고 말았다. 결국 내가 한 격려는 아이에게 아무 것도 전하지 못했다.

아이와 같은 눈높이가 된다는 것은 단순히 몸을 낮추어 눈의 높이를 맞추는 것이 아니라, 아이의 기분을 공감하고, 느끼는 점을 따뜻한 말로 표현하면서 '가능한 일'에 초점을 맞춰가는 것이다. 이것이야말로 아이에게 부모의 마음이 고스란히 전달될 수 있는 참된 격려라 할 수 있다.

바르게 전할 때
아이는 성장한다!

6
항상 '아이가 대화의 주인공'임을 기억하자

6. 항상 '아이가 대화의 주인공'임을 기억하자

 부모는 아이에게 여러 가지 많은 기대를 하고 있다 보니 '이렇게 되었으면 좋겠다.'고 생각하는 것을 은연중에 말과 행동으로 아이에게 전하게 된다.

 그렇지만 아무리 부모가 이야기를 해봤자 정작 행동을 하는 주체는 아이 자신이다. 그러므로 부모가 할 수 있는 것은 아이에게 스스로 실행하고자 하는 마음이 들도록 도와주는 것뿐이다.

 그러나 아이에게 이야기하는 동안에 자신의 이야기에 취하고 마는 부모, 감정이 점점 격해지는 부모, 어느샌가 이야기가 딴 데로 새어버리는 부모를 자주 볼 수 있다.

 아이가 부모의 이야기를 잘 이해해 주기를 바란다면 행동을 일으키는 주체가 아이라는 것을 생각하고 말해야 한다. 부모의 뜨거운 열망을 일방적으로 강한 어조로 계속해서 떠들어봤자 아이에게는 그것이 독선적이라고 여겨질 뿐 부모의 마음은 전달되지 않는다.

어느 일요일, 집 근처 패밀리 레스토랑에서 노트북을 켜서 일을 하려는데, 앞쪽 테이블에 4인 가족이 앉더니 이야기를 나누기 시작했다. 일부러 들으려고 한 건 아니었고 아빠의 목소리가 들려와 자연스럽게 듣게 되었는데, 형은 초등학교 5학년이고 동생은 1학년이며 형은 어린이 야구부에 속해 있는 것 같았다.

아빠는 아들의 야구에 관심이 많고 상당히 기대가 큰 모양으로 형 쪽을 향해 열정적으로 말을 하고 있었다.

"넌 목표가 너무 낮아. 주전 선수가 됐다고는 하지만 외야수잖아? 거기다 요전 시합 때에는 너한테 번트 치라는 사인이 나왔잖아. 너는 번트 치기 위해 야구하는 거냐? 아빠는 말이지, 그 팀에서 야구를 하고 있는 너한테 가능성을 못 느끼겠어."

'초등학교 5학년 아이한테 참으로 엄격하게 얘기하고 있구나.'하고 생각하면서 무심코 대화에 귀를 기울였다.

"그 팀에 있으면 너는 지금보다 수준이 향상될 수 없어. 넌 쭉 외야수만 맡을 테고 번트 지시만 받을 거야. 참 한심하다고 생각하지 않아?"

요컨대 아빠는 주전 선수 아들에 대한 감독의 태도에 화가 나 있는 것이었다. 게다가 아들이 그런 상황에 대해 별 불만이 없어 보이고, 자신의 역할에 만족하고 있는 것 같아 마음에 들지 않는 모양이었다.

요리가 나와 먹고 있는 동안에도 아빠는 쉬지 않고 계속 자신의 생각을 아이에게 얘기했다. 아이는 당황한 모습이 역력했고 앞에 놓인 카레라이스가 아직 절반 가까이 남아 있는데도 먹지 않고 고개를 푹 숙인 채 앉아 있었다. 아빠의 얘기가 끝나기만을 기다리는 것처럼 보였다.

같은 아빠 입장에서 이 아빠가 분통을 터뜨리는 것도 이해가 된다. 하지만 아이에게 무엇을 전달하고 싶은지가 확실하지 않다.

물론 아빠의 말에는 아들을 격려하고 분발하게 하려는 의도가 깔려 있을 것이다. 그러나 아빠의 주장이 너무 강해서 대화 속에 아이의 모습이 보이지 않았다. 아빠는 자기 의견만 강하게 주장하느라 대화중에 아이가 어떤 모습이었고, 어떤 표정을 하고 있었는지 전혀 보지 못했다.

거의 1시간 가까이 지나 아이가 겨우 밥을 다 먹었을 때가 돼서야 아빠의 설교는 끝났다. 그 동안 아이는 한마디도 이야기하지 않았다.

커뮤니케이션은 상대가 없으면 성립하지 않는다. 부모와 자녀 간의 커뮤니케이션도 뭔가를 전달할 때에는 양쪽이 참가하고 있는 상태를 유지하는 것이 중요하다. 부모와 아이가 서로 말하고 듣는 것이 가능해야 커뮤니케이션이 성립한다. 이것이 자녀에게 부모의 의사를 전달할 때 기본이 된다는 것을 잊지 말자.

부모는 아이가 대화의 주인공이라는 의식을 가지고 대화를 나누는 것이 무엇보다 중요하다. 그래야 아이도 부모의 질문에 반응하며 소통하려고 할 것이다.

아이한테서 어떤 대답이나 자기 의견을 이야기하고자 하는 반응이 오지 않는다면 아이에게 부모의 의사가 제대로 전달이 되었는지 부모로서는 알 수가 없다. 대화를 주고받아야 그 가운데 서로가 전달하려는 내용이 무엇인지 좀 더 자세하게 파악할 수 있다. 대화를 하는 과정에서 아이도 부모가 하고 싶은 말이 무엇인지 제대로 이해하게 되고, 그래야 스스로 행동하려고 할 것이다..

바르게 전할 때 아이는 성장한다!

7
가능성을 열어주는 대답을 하라

7. 가능성을 열어주는 대답을 하라

 아이는 뭔가에 흥미를 느끼면 그것이 자신에게 가능한 일인지 아닌지를 생각도 해보지 않고 무턱대고, "차를 운전해 보고 싶어.", "케이크를 만들고 싶어."하면서 바로 자신이 바라는 바를 말한다. 아이들은 하고 싶은 일도 시시때때로 바뀌고, 때로는 현실적으로 실현될 수 없는 일을 해보고 싶다고 조르기 때문에 부모 입장에서는 아이가 하는 말에 일일이 상대해 주다보면 지쳐 나자빠질 지경이 된다.

 아이가 '해보고 싶다'는 메시지에 대해 실제로 가능한지 아닌지를 현실적으로 판단한다면 답은 "무리야."라거나 "안 돼."라고 할 때가 더 많을 수밖에 없다. 그러나 모처럼 아이가 흥미를 가지게 된 일을 단칼에 잘라 안 된다고 해버리면 듣는 아이 입장에서는 좋은 기분이 들 리가 없고, 대화도 도중에 끊기고 말 것이다. 이런 경우에는 '실현이 가능하다는 전제로 답하라'고 권하고 싶다.

"운전 할 수 있으면 좋겠네? 운전할 수 있게 되면 어디에 가고 싶어?"

"그렇구나. 그럼 운전할 수 있게 되면 엄마도 태워주렴."

"운전하려면 운전학원에 다녀야 하는데?"

"좀 더 시간이 걸리겠지만 꼭 운전할 수 있게 될 거야."

지금 안 된다고 해서 완전히 부정하지 말고, 일단은 '할 수 있게 될 것'이라고 긍정적으로 받아주고, 다만 지금 당장이 아니라 앞으로 그렇게 될 것이라는 점을 말해주어야 한다. "안 돼."

라거나 "무리야."라는 부정적인 말만 듣게 되면 아이는 매사에 의욕이 현저하게 떨어질 뿐만 아니라 꿈이 없는 무기력한 사람으로 자라날 가능성도 있다.

예전에 돌고래 쇼를 보러갔을 때 있었던 일이다.
조련사가 돌고래 등에 올라타 점프도 하고 돌고래와 함께 헤엄치는 모습을 보고 내 앞자리에 앉은 남자아이가 흥분하여, "나도 돌고래 등에 올라타고 싶어."라고 소리쳤다. 그러자 옆에 앉아있던 형으로 보이는 아이가 "너는 아직 어리니까 당연히 무리야. 조용히 해."라고 말했다.
형의 말도 맞긴 하지만 동생의 기분을 헤아려서, "너도 타고 싶지? 좀 더 자라면 돌고래랑 헤엄치자꾸나."라고 말해주었으면 좋았을 것이다. 동생의 발언을 그 자리에서 부정하는 형의 태도로 미루어보아 아마 그 형도 부모한테서 부정적인 말을 듣고 자랐을 수도 있겠다는 생각이 들었다.

아이는 원래 아무런 근거도 없이 '될지도 모른다'는 기대에 차있는 법이다. 그것은 자신이 현재 지니고 있는 역량보다는 미래의 가능성에 눈길이 향하고 있기 때문이다. 게다가 아이는 한계를 모르고 쉽사리 포기하지 않는 성향이 있기 때문에 가능성을 향해 끝없이 성장해갈 수 있다.

   그럼에도 불구하고 부모가 "무리야.", "안 돼." 등과 같은 부정적인 말을 자주 사용하게 되면 아이가 성장하고자 하는 힘은 제자리에 머물게 된다. 아이가 뭐든지 바로 포기하지 않고 끝까지 해내는 강인함을 지니기를 바라고, 또한 아이가 꿈을 가지고 꿈을 향해 노력해나가기를 바란다면 평상시에 사소한 일이라고 아이의 가능성을 부정적인 말로 무시하고 있지는 않은지, 부모의 언어 습관을 다시 한 번 되돌아보는 것이 중요하다.

5

아이의 잘못된
습관을 바로잡는
대화법

아이를 바르게
이끌어주는 부모의 말투

1
게임만 하는 아이

1. 게임만 하는 아이

부모도 게임에 도전해본다

반복해서 이야기했듯이 아이에게는 부모한테 인정받는 일이 무엇보다 기쁜 일이며 그만큼 커다란 영향을 미친다.

"또 게임만 하고 있니?"라고 야단치고 싶은 부모의 기분은 충분히 이해하지만, 이렇게 아이를 열중하게 만드는 게임을 무조건 좋지 않은 것이라고 부정하지 말고 한번 인정해 보면 어떨까?

아이가 게임에 빠져 있다면, 우선 그 게임의 가치를 인정하고 나서, 시간과 장소에 대한 규칙을 정해서 제한하면 될 거라고 생각한다. 또한 부모 자신도 실제로 게임을 해보고, "확실히 게임이 재미있다는 건 엄마, 아빠도 알겠어."라고 말하면 부모의 말에 신뢰감이 들 테고 부모가 자신을 이해해 주려 한다는 점을 아이도 느끼게 되어 부모의 제안에도 응할 가능성이 높아진다.

게임 외에 즐거운 시간을 만들 수 있는 일을 가르쳐 준다

예전에 전철 안에서 휴대용 게임기에 정신이 팔려 있는 형제와 엄마가 언쟁을 벌이고 있는 모습을 본 적이 있다. 아이는 엄마 쪽은 쳐다보지도 않고 게임기 화면만 뚫어지게 들여다보면서 건성으로 대꾸하고 있었다.

"얘들아, 좀 적당히 해. 전철 안에서 게임에 정신이 팔려서 뭐하는 거야?"
"뭐 잘못된 거 있어? 조용히 게임만 하고 있잖아?"
"둘 다 이런 곳에서 게임이나 하고 부끄럽지도 않니?"

"전혀 부끄럽지 않은데?"

"책이라도 읽어. 꼴사나우니까. 밖에서 게임하는 거 안 된다고 했지?"

"엄마, 좀 봐봐. 어른들도 핸드폰 화면만 보고 있잖아? 저 사람들도 다 게임하고 있는 거야. 우리만 혼내지 말고 핸드폰 게임하고 있는 저 아저씨한테도 뭐라고 하지 그래?"

엄마가 주위를 둘러보니 확실히 아이 말대로 전철 안의 많은 사람들이 핸드폰 화면을 보면서 뭔가를 하고 있었다. 엄마는 그만 입을 다물고 말았다.

나는 속으로 아이가 상당히 예리하다고 감탄하긴 했지만, 한편으로는 엄마가 아이에게 게임을 하지 말라고 했던 의도를 아이가 이해할 수 있도록 잘 설명해 주었으면 좋았을 것이라고 생각했다.

"네 말대로 밖에서 게임하고 있는 사람들도 많구나. 밖에서 게임하는 것이 꼴사납다고 한 건 엄마의 편견이었을 수도 있겠지. 다만 엄마가 너희에게 게임을 그만하라고 말한 건 전철에 탔을 때나, 식사할 때나 엄마는 너희랑 얘기를 하고 싶어서 그런 거야. 그러니까 게임은 그만하고 엄마랑 이야기를 나누지 않을래?"라고 엄마의 의도를 확실하게 전달하는 것이 좋다.

이런 경우 어떤 것이 좋다, 나쁘다는 것을 단정 짓지 않는 것이 중요하다. 전철 안이라고 하는 공공장소에서 책을 읽는 것은 좋지만 게임은 안 된다고 하거나, 핸드폰으로 검색하는 것은 좋지만 게임은 안 된다고 하거나, 신문을 펼치는 것은 좋지만 게임은 안 된다고 무조건 부모 입장만 주장하는 의견은 그 정당성을 증명할 명확한 이유를 찾을 수 없기에 설득력도 떨어진다. 그러므로 '옳다, 그르다'에 대해 아이들과 논쟁을 벌여봤자 아무 소용이 없다.

그러기보다는 '나는 이렇게 하고 싶다'고 엄마가 아이에게 원하는 것을 전하도록 하자. 게임도 즐겁겠지만 엄마랑 이야기를 나누는 것도 즐겁다는 것을 느낄 수 있도록 유도하자.

"다음 역에는 유명한 절이 있는데 이름이 뭔지 알아?"
"서울역에 가려면 몇 호선으로 갈아타야 할까?"

이렇게 퀴즈 형식으로 아이의 흥미를 이끌어내는 것도 좋은 방법이다. 어떤 방법이든 부모와 대화를 나누는 시간이 즐겁다는 것을 아이들이 느낄 수 있도록 유도하는 것이 중요하다.

요즘 세대의 아이들에게 게임은 무척 매력적인 놀이 도구이다. 게임을 하지 않으면 또래 집단에서 어울리기 힘들고 대화가 통하지 않는 시대에 살고 있는 아이에게 게임은 나쁜 것이니 무조건 하지 말라고 제재하는 것은 현실적으로 거의 불가능하다고 생각된다. 그렇기 때문에 게임하는 장소나 시간을 한정 짓는 등의 규칙을 만들고 게임 외의 즐거운 일, 특히 커뮤니케이션의 즐거움을 느끼게 해준다면 게임에 지배되지 않고 적당히 조절하며 즐길 수 있는 아이로 자랄 수 있을 것이다.

아이를 바르게
이끌어주는 부모의 말투

2
거짓말을 하는 아이

2. 거짓말을 하는 아이

 아이는 자신의 경험을 과장되게 이야기하거나 자신의 형편에 맞게 말을 바꾸곤 해서, 어른의 눈으로 보면 거짓말에 가까운 말을 할 때도 있다. 그러나 거짓말은 어떤 경우에도 안 된다고 단정 지어 엄격하게만 대응하지 말고, 거짓말이 다른 사람에게 피해를 줄 수 있다는 것을 아이가 알게 해주는 것이 중요하다. 또한 거짓말이 왜 잘못된 것인지에 대해서도 아이와 이야기를 나눠보도록 하자.

 형규는 만화를 무척 좋아해서, 집에서는 내내 만화책만 읽고 있다. 엄마는 그런 아들의 모습을 보면서 아들이 좀 더 밖에서 뛰어놀았으면 좋겠다고 생각했다. 그래서 만화책을 한 달에 몇 권만 살 수 있다고 못을 박아놓았다. 그런데도 형규는 변함없이 매일같이 만화책만 읽고 있었다. 엄마는 이런 아들의 모습에 화가 났다.

"매일 만화책만 읽고 있는데, 그 많은 책이 어디서 난 거야?
"친구한테 얻었어."
"친구한테 얻었다고? 누구? 엄마한테 말 한 적 없는데?"
"그런 걸 일일이 다 얘기해야 하는 거야? 안 그래도 되잖아?"

그러나 친구한테 얻었다고 하기엔 만화책이 너무 많다는 생각이 들었다. 친구가 이렇게 많은 책을 정말 준 것인지 뭔가 이상하다고 여긴 엄마는 아이를 떠보았다.

"얘, 정말로 누구한테 얻었어? 엄마가 고맙다고 인사를 해야겠다."
"음, 인사 안 해도 돼."
"그건 아니지. 걔도 부모님이 사주신

거잖아?"

 엄마가 끝까지 추궁하자, 아이는 같은 반 아이들한테 빌렸는데 누구한테 무슨 책을 빌렸는지 잊어버려 돌려주지 못하고 있다고 사실대로 말했다. 엄마한테는 야단맞지 않으려고 친구한테 '얻었다'고 거짓말을 했다는 것이다.
 이런 경우 "왜 그렇게 많이 빌렸어?" "왜 바로 돌려주지 않았어?"라고 책망하는 어투로 추궁해 봤자 아이는 고개만 숙인 채 아무 생각도 하지 못할 것이다. 왜냐하면 깊이 생각하지 않고 한 행동이기 때문이다. 나쁜 의도로 일부러 그렇게 한 것이 아니라 둘러대려다 보니 거짓말을 하게 된 것이다.
 이럴 때 엄마는 흥분하지 말고 우선은 거짓말을 한 채로 아무것도 하지 않으면 앞으로 어떤 일이 발생하게 될지를 아이에게 확실하게 알려주도록 하자.

 "너한테 만화책 빌려준 친구는 네가 돌려줄 거라 생각했으니까 빌려줬겠지? 그런데 좀처럼 돌려주지 않으면 앞으로는 안 빌려주겠다고 생각할 거야. 그리고 '형규는 빌린 것을 안 돌려주는 나쁜 녀석'이라고 생각하게 되면, 다음에 어떤 물건이 없어졌을 때 네가 한 짓이 아닐까 의심을 하거나, '형규는 나쁜 녀석이니까 같이 놀지 말자.'고 할 수도 있고. 너도 그렇게 되는 건 싫지?"

아이가 거짓말을 했을 때, "그런 짓을 해서는 안 돼. 바로 돌려줘."라고 말하는 건 쉽다. 그러나 이것만으로는 아이에게 거짓말로 남을 속인 것을 반성하게 만들기는 어렵다. 아이가 이 정도는 별거 아니라고 생각하고 했던 행동이 얼마나 안 좋은 결과를 가져올 수 있는지 명확하게 전달하는 것이 중요하다. 그렇게 하고 나서 "어떻게 하는 게 좋을 것 같아?" 라고 아이에게 대책을 세우도록 유도해야 한다.

"친구들이 너를 나쁜 아이라고 생각하지 않게 하려면 어떻게 하는 것이 좋을 것 같아?"
"돌려줄게. 하지만 누구한테 무슨 책을 빌렸는지 잊어버려서...."
"누구누구한테 빌렸는지는 기억하지? 그럼 그 친구들에게 어떤 식으로 말하면 될까?"

"'만화책 돌려줄게. 늦게 돌려줘서 미안해.'라고 말할 거야."

"그렇지. 먼저 사과하고 무슨 책을 빌렸는지 물어보면 되겠지?"

"응."

거짓말 때문에 발생한 불상사를 해결하고 나면, 마지막에 슬쩍 "그리고 아까 '얹었다'고 말했는데, 앞으로는 엄마한테 거짓말을 하지 않기로 하자. 사실대로 말해주면 어떻게 하면 좋을지 함께 생각해 볼 수 있으니까."라고 주의를 준다.

거짓말을 한 것에 대해 부모가 너무 야단치면 아이는 혼나는 것이 무서워서 다음에는 부모한테 사실대로 이야기하지 않게 된다. 아이에게는 자신이 한 거짓말이 어떤 부정적인 결과를 불러오는지 그것을 이해시키는 것으로 충분하다.

아이를 바르게
이끌어주는 부모의 말투

3
약속을 어기는 아이

3. 약속을 어기는 아이

 아이가 약속을 해놓고 쉽게 잊어버리고 지키지 않는다면 무리하게 약속을 지키라고 다그치거나 복종시키려고 하기보다는 '약속을 지키려는' 동기를 부여해 주도록 하자. 약속은 명령이 아니다. '이것을 지키지 않으면 안 되는 일이다.'라고 아이 스스로 생각할 수 있도록 전달할 필요가 있다.

 다음은 언니와 동생의 사례이다.
 초등학교 4학년인 유미는 어느 날 세 살 아래 동생 유나와 함께 애니메이션 〈토이 스토리〉 영화를 보았다. 영화를 보고 난 후 소중하게 다뤄지지 못한 장난감 이야기에 공감한 유나가, "이제부터 내 장난감은 소중하게 여길래."라고 말했다.

 언니는 한 방을 쓰면서 장난감을 아무렇게나 내버려두는 동생 때문에 애를 먹고 있던 터라, 이때다 싶어 이런 약속을 했다.

 "맞아. 장난감도 소중히 다뤄주면 기쁘겠지? 그럼 앞으로는 가지고 놀고 난 뒤에는 장난감 상자에 잘 넣어둬서 소중히 여겨주기로 하자. 약속이야."

 "응."

 그러나 동생은 1주일도 못 가서 가지고 논 인형을 방바닥에 내팽개쳐 둔 채 정리하려 들지 않았다. 보다 못한 언니는 동생에게 화가 났다.

 "이러면 안 되지. 장난감을 가지고 놀고 나서 치우겠다고 약속해놓고서는 안 지키고 있잖아?"

 바로 얼마 전에 자기가 "소중히 여기겠다."고 해놓고서는 쉽게 약속을 깨버리는 동생에게 화가 난 언니는 장난감을 가리

키며 엄한 말투로 동생을 나무랐다. 언니한테 야단맞은 동생은 바로 치우는가 싶더니 갑자기 울음을 터뜨렸다.
  언니는 동생에게 다가가 이번에는 부드럽게 말했다.

"아, 그렇지. 저 아이는 유나의 인형이지? 〈토이 스토리〉에서처럼 인형 발바닥에다 이름을 써주어야겠다."

  유미는 인형의 발바닥에 동생의 이름을 써 넣고는 인형에게 말했다.

"내 동생 유나는 매우 착한 아이니까 안심하렴."

  이 모습을 보고 있던 동생은 좀 난처한 얼굴로, "언니, 미안해."라고 말하고 어질러 놓은 자기 장난감들과 인형을 정리하기 시작했다.
  언니는 이렇게 영화 속의 장면을 통하여 동생이 "장난감을 소중히 여기겠다."는 약속을 하게 되었던 기억을 떠올리게 하고, 동생에게 '약속을 지키는 일'을 의식하게 했다. 이 모습을 지켜본 자매의 엄마는 "우리 아이한테 소중한 것을 배웠다."고 나에게 말해주었다.

약속을 지키지 않는 아이를 나무라거나 복종시키려 하기보다는, '약속을 지키지 않으면 안 된다'는 강한 동기부여를 해주는 것이 중요하다. 앞의 예화를 보면 언니는 울음을 터뜨린 동생에게 오히려 부드러운 말투로 이야기 하며 영화를 통해 물건을 소중하게 여기는 마음을 깨달은 동생이 그 마음을 잊어버리지 않도록 행동으로 몸소 보여주었다. 참으로 멋진 언니다.

부모들도 아이의 잘못된 행동에 대해 바로 야단치는 버릇을 반성하고, 아이 스스로 약속을 지키려는 마음이 생기도록 이끌어주어야 하겠다.

아이를 바르게
이끌어주는 부모의 말투

4
쉽게 기가 죽는 아이

4. 쉽게 기가 죽는 아이

학교에서 친구들 틈에 잘 끼지 못하거나, 친구들과 싸우거나, 생각대로 일이 되지 않거나, 조금만 좋지 않은 일이 있으면 바로 기가 죽고 풀이 죽어버리는 아이에게는 우선 부모가 밝게 "그럴 때에는 힘을 내자. 싫은 일들은 모두 날려버리자."라고 이야기해 주자.

풀이 죽어 어깨가 축 처져 있거나 실망스런 얼굴을 하고 있는 우리 아이에게 활짝 웃는 얼굴로 대해줌으로써 조금이라도 마음이 풀어지고 안정적으로 바뀔 수 있도록 유도해 주자.

하지만 이렇게 해서 모든 문제가 해결된다면 걱정할 일이 뭐가 있겠는가? 유감스럽게도 이 정도의 격려로는 아이의 태도에 변화를 기대하기는 어려울 것이다.

자, 이제부터가 중요하다.

"힘이 나지 않아? 무슨 일 있어? 말해보렴."

처음에 약간 과장해서 "싫은 일들은 모두 날려버리자."라고 말한 것은 아이가 이야기를 꺼내기 쉽게 분위기를 조성하기 위한 것이다. 의기소침해서 기가 팍 죽은 아이에게 "도대체 무슨 일이 있었어?"라고 심각한 얼굴로 물으면, 그러지 않아도 침울해 있는 아이에게는 그 자리의 분위기가 마치 죄를 심문하는 재판처럼 여겨져서 오히려 바짝 얼어붙어서 자신이 생각하고 있는 것을 부모에게 더 말하기 어려워지고 만다.

밝고 온화한 어조로 물은 뒤에는 아이가 바로 말하지 않더라도 추궁하지 말고, 아이의 어두운 기분을 누그러뜨릴 수 있도록 힘쓰자. 그리고 기분이 좀 풀어진 후에 아이가 말을 꺼내면 부모는 잠자코 귀 기울여 들어주도록 한다. 아이가 어떤 이야기를 하든지 이야기 내용에 부모의 의견은 말하지 말고, "그렇구나. 참 슬펐겠구나." 등과 같이 아이의 마음에 공감해 준다.

또한, 눈앞에 조금만 귀찮은 일이 있으면 바로 주저앉아버리고, 도전하려고 하지 않거나 쉽게 포기해버리는 아이에게는 그것을 비난하지 말고 격려의 말을 해주자.

"일단은 해보는 게 어때? 해보면 좀 더 좋아하는 것, 해보고 싶은 것을 발견할 수 있을 거야."라고 미래지향적인 말들로 의욕을 고취시켜주도록 하자.

아이를 바르게
이끌어주는 부모의 말투

5
형제에게 난폭하게 구는 아이

5. 형제에게 난폭하게 구는 아이

 부모들은 형제끼리 싸우는 것을 어느 정도는 어쩔 수 없다고 여긴다. 그러나 점점 싸움이 격렬해져서 "적당히 해!"라고 언성을 높이게 된 경험이 있을 것이다. 우리 집은 모두 사내아이라 코피가 날 정도까지 싸운 적도 몇 번 있었다.

 장난치다 싸움으로 번진 경우라면 주의를 주고 원인을 듣고 나서, 앞으로는 어떻게 갈등을 해결하면 좋을지 해결책을 제안하면 된다. 그러나 형제 중 어느 한쪽이, 특히 큰아이가 자신의 생각대로 되지 않을 때 난폭하게 구는 일이 생길 경우는 주의 깊게 관찰하여 대책을 세울 필요가 있다. 다음의 사례를 살펴보자.

동생은 어린이집 원생이고, 형은 이제 막 초등학생이 된 형제가 있다. 이들 형제의 엄마는 최근 들어 형이 갑자기 동생에게 난폭하게 군다고 푸념을 늘어놓았다.

엄마의 짐작으로는 큰아이가 초등학생이 되니 유치원에 다닐 때보다 해야 할 일이 압도적으로 늘어나서 그런 게 아닌가 싶었다.

"해야 할 숙제 양도 꽤 많아서 집에 와서 밥 먹고, 씻고, 숙제하고 다음날 학교 갈 준비하고 나면 9시 가까이 되거든요. 예전같이 놀고 싶은 데 그럴 시간이 없는 것이 원인이 아닐까 싶네요."

동생은 옆에서 편하게 장난감을 가지고 놀고 있는데 자기는 매일 많은 숙제에 시달린다면 속이 상하고 화가 나서 사소한 일에도 난폭하게 굴게 될 거라는 생각도 든다.

어린이집이나 유치원에서 초등학교로 올라가는 과정은 아이 입장에서 보면 커다란 환경의 변화로 느껴질 것이다. 내가 아는 사람 중에, 초등학교에 입학하고 나서 6개월 정도 지난 후에 갑자기 원인불명의 빈뇨증으로 고생한 아이를 둔 엄마도 있었다. 이 아이는 몇 분 간격으로 화장실에 가지만 정작 소변은 나오지 않고, 교실로 돌아오면 또 화장실에 가고 싶어지는 악순환으로 병원에 가봤지만 특별히 나쁜 곳이 발견되지 않아 결국 스트레스 때문인 것 같다는 소견을 들었다고 한다. 이렇게 부모는 미처 생각하지 못하지만 환경의 변화는 아이에게 엄청난 스트레스의 원인이 되기도 한다.

또한, 진학 등과 같은 환경 변화 외에도 추정 가능한 원인이 있다. 부모가 큰아이에게 형이니까(오빠니까, 언니니까, 누나니까) 동생한테 무조건 양보하거나 받아주라고 강요하거나, 형은(오빠는, 언니는, 누나는) 동생을 잘 돌봐야 한다고 이상적인 모습을 강요할 경우도 스트레스가 되어 동생에게 난폭하게 구는 원인이 된다. 나이가 많으니까 참아야 한다는 부모의 말을 따르지 않을 수는 없고, 그 불합리함에 커다란 스트레스를 받게 되어 그 불만이 동생에게 폭력적인 행동으로 표출되기도 한다. 이른바 '장남·장녀 콤플렉스'이다.

자기 생각대로 되지 않을 때 난폭하게 구는 아이 때문에 걱정스럽다면 지금까지 위에서 언급한 원인이 있었는지를 생각해 보자. 난폭하게 군 행위만을 단단히 야단쳐서 고치려고 하지 말고, 아이가 난폭하게 굴게 된 스트레스에 눈을 돌리도록 하자.

형제를 때리거나 발로 차거나 했을 때 행동 자체를 비난하기보다는 "그렇게 하면 아프지."라고 말하며 먼저 그런 행동을 멈추게 하자. 그리고 최근의 상황을 되새겨보면서 아이가 조금씩 마음속에 있는 불만을 얘기하게끔 유도하자. 아이가 충동적으로 난폭하게 구는 행동에 대해 주의를 주는 것도 물론 중요하지만, 시간을 두고 대화를 계속해나가며 근본적인 원인을 먼저 파악하는 것이 더 중요하다.

아이를 바르게
이끌어주는 부모의 말투

6
변명을 하거나
남의 탓을 하는 아이

6. 변명을 하거나 남의 탓을 하는 아이

　아이는 야단맞는 것을 피하기 위해서, 혹은 뭔가 허락을 얻기 위해 변명을 한다. 변명이라고 하면 좋지 않은 이미지가 있지만, 변명을 하려면 일단 자신이 놓여 있는 상황을 파악하고, 상대방을 이해시키기 위한 설득력과 인식력이 필요하다는 사실을 생각하면 결코 나쁜 점만 있는 것은 아니다. 다음의 사례를 살펴보자.

　'쨍그랑' 소리가 나서 엄마가 돌아보니 딸이 유리잔을 깨뜨리고 말았다.

"아이고, 무슨 짓을 한 거야?"

여기저기 튄 유리 파편을 치우면서 엄마가 말하자 아이는 입을 삐죽이면서 말했다. "바퀴벌레가 보여서 깜짝 놀라 그만 떨어뜨렸지 뭐야."

아이는 순간적으로 유리잔을 떨어뜨린 것을 자신의 실수 때문이 아니라 어쩔 수 없는 상황에서 벌어진 일로 변환시킨 것이다. 바퀴벌레의 등장이 사실인지 아닌지는 차치하고, 그 상황에서 자신이 유리잔을 떨어뜨리는 행위가 어쩔 수 없는 일이었다는 듯이 말하고 있었다. 아이의 순간적인 두뇌 회전과 임기응변, 빠른 판단력이 놀랄 만하다.

이런 경우에, 변명에 진실성이 없다고 해서 "거짓말 하지 마." 또는 "변명하지 마."라고 무조건 야단치게 되면 아이의 능력을 파괴해버리는 셈이 된다. 변명이라고 알고 있으면서도, "유리 조각이 튀면 위험하니까 조심하렴."이라고 자연스럽게 주의를 주면 아이도 자신의 실수를 순순히 받아들이게 된다.

또한, 변명의 연장선에는 남의 탓을 하는 경우도 있다. 우리 집에서도 그런 일이 있었다. 어느 날 거실에 굴러다니는 장난감을 잘못 밟게 되어서, "누가 장난감을 꺼내놓고 치우지 않았지?"라고 말하며 아이들을 째려보자, 아이들이 서로 상대방을 가리키는 것이었다.

그 모습에 순간 나도 모르게 화가 폭발하고 말았다. 부끄럽지만 우리 아이들 앞에서는 나도 영락없이 보통 부모들 같은 모습을 보이곤 한다. 뭐, 이 정도라면 간단히 주의를 주고 넘어갈 일이지만, 도를 넘어 매사에 모든 잘못을 남의 탓으로만 돌리는 게 습관이 되면 곤란하다.

이 경우 부모가 기억해야 할 것은, 좋지 않은 일이 발생했을 때 제일 먼저 "누가 했어?"라는 식으로 범인을 색출해 내려는 듯한 발언은 삼가야 된다는 것이다. "누구야?"라고 물으니까 아이들이 서로 "나는 아니야."라는 변명, 즉 회피의 행동을 취하게 되는 것이다. "장난감이 굴러다니고 있는데!", "컵이 깨졌구나." 등과 같이 현재의 상태를 그대로 말로 표현해보자. 그러면 아이도 미안한 마음을 자연스럽게 표현하기 쉬워진다.

또한, 가정에서 부모와 자식 간에도 남의 탓으로 돌림으로써 갈등이 생기는 일도 허다하다. 엄마가 개어 놓은 세탁물을 서랍에 집어넣으려다 거실 소파에 놔둔 채로 다른 일을 하고 있었다고 가정해 보자. 이때 아이가 소파에 뛰어오르는 바람에 기껏 개어 놓은 세탁물이 다 흐트러지고 말았다. 그걸 보고 집안일로 바쁜 엄마는 화가 났다.

"뭐야, 애써 개어 놓았는데!"
"엄마가 이런 곳에 놔두니까 그렇지!"

아이의 말에 엄마의 분노는 최고조에 달하여 화가 폭발하고야 말았다.

"그게 엄마 잘못이라는 거야? 넌 왜 남의 탓을 하니? 네가 소파에서 까부니까 그렇게 된 거잖아! 하나도 도와주지는 않고 놀기만 하면서!"
"아, 몰라 몰라."

흔히 볼 수 있는 모습이다. 할 일이 태산 같은 엄마 입장에서 보면 화를 내는 것도 충분히 이해할 수 있다. 하지만 "넌 왜 남의 탓을 하니?"라는 말부터 들으면 아이도 심술이 나서 자연스럽게 사과를 하지 못하게 된다.

   이런 경우에도 엄마가 화를 폭발시키며 감정적으로 대응하기보다는, "애써 개어 놓았는데, 다시 해야겠네."라고 차분하게 현재 상태를 표현하는 말로 이야기해 보자. 그러면 아이도 상황을 이해하며 반성하게 될 것이다. 실수나 잘못에 대해 혼나는 것이 두려워 변명을 하거나 남의 탓으로 돌리는 아이를 비난하거나 화내지 말고 자연스럽게 반성할 수 있는 분위기를 조성해 주는 일이 중요하다.

아이를 바르게
이끌어주는 부모의 말투

7
말수가 너무 적은 아이

7. 말수가 너무 적은 아이

시끄럽게 떠들어대는 아이에게 "조용히 해."라고 야단치는 엄마 입장에서 보면 말수가 적은 아이는 얌전해서 좋겠다고 생각할지 모르지만, 너무 말수가 적어도 커뮤니케이션에 악영향을 끼친다.

내가 근무하는 화법연구소에는 많은 엄마들이 여러 가지 다양한 문제로 상담을 신청하는데, 그중에 특히 많은 것이 바로 아이가 말수가 적어 애를 먹고 있다는 엄마들의 하소연이다. 다만 이 경우 부모가 문제라고 인식하게 되었을 때는 자녀들이 이미 성인이 된 이후이고, 비교적 어린 축에 속한다 해도 고등학생 정도이다. 말수가 적다는 것이 얌전한 성격의 연장선으로 별 문제가 아니라고 여겨지기 쉽기 때문에 문제의 심각성을 깨닫게 되는 시기가 늦어지는 것이다.

확실히 이 정도 연령이 되고 나면 개선하기가 상당히 어려워진다. 실제로 상담을 하다보면 좀 더 일찍 찾아왔더라면 좋았을 거라고 말하고 싶은 사례도 종종 있다.

아이가 말수가 적다는 사실을 깨닫게 될 경우 '차차 나아지겠지'라고 낙관하지 말고, 가능한 한 빨리 대책을 세워야 한다.

재우의 엄마가 담임선생님한테서 "재우는 이전부터 쭉 얌전한 아이였습니까?"라는 질문을 받은 것은 재우가 초등학교 3학년이 되고나서 선생님이 가정방문을 오셨을 때였다.

그러고 보니 작년의 생활통지표에도 "말수가 적은 것 같습니다."라고 쓰여 있었던 것이 생각났다. 재우 엄마는 혹시 '재우가 다른 아이에 비해 너무 얌전한가? 확실히 집에서도 그리 말이 많은 편은 아닌데……' 라고 불안한 마음이 들어 친정에 전화를 걸어 엄마와 상의를 했다.

"엄마, 재우 일인데요. 담임선생님께서 얌전한 아이라고 하더라고요. 작년에도 선생님께 아이가 말수가 적다고 들었고요. 괜찮을까요?"

그러자 친정엄마는 걱정스러운 목소리로 딸에게 말했다.

"너희 부부가 맞벌이하느라 바빠서 아이랑 마주할 시간이 적은 것 아니니? 아이랑 제대로 대화는 하고 있니? 대화할 상대가 없으니 애가 말수가 적어지는 건 당연한 거잖니."

친정엄마의 말에 아픈 곳을 찔리고 나서 깜짝 놀란 재우의 엄마는 이대로 두면 안 되겠다고 생각하고 본격적으로 아이의 말문이 트일 수 있도록 뭐든 해봐야겠다고 생각했다.

그 후로는 아무리 바빠도 매일같이 재우가 잠들 때까지 "오늘 하루는 어땠어?"라고 묻고 재우의 이야기를 들으려고 노력했고, 어린이 야구팀에도 들어가도록 하였다.

어린이 야구팀에서는 연습 후와 시합 후에 반드시 그날 했던 운동과 경기 내용 등을 점검해보는 시간을 가졌다. "오늘은 안타를 쳐서 다행이었습니다." 등과 같이, 전원이 한마디씩이라도 반드시 말해야 했으므로 처음엔 어색해하던 재우도 조금씩 자신에 대해 이야기하게 되었다. 그렇게 6개월 정도가 지나자, 인사도 잘 못 하던 아이가 시키지 않아도 우렁차게 인사를 하고, 학교에서 돌아오면 그날 있었던 일을 즐겁게 얘기해 준다고 재우의 엄마가 기뻐하며 나에게 말해주었다.

"좀 더 얘기하라고 다그치고 억지로 시킨다고 해서 말문이 트이는 건 아닌 것 같아요. 아이와 대화를 많이 하고, 아이 이야기에 관심을 가져주는 게 필요했던 거였어요."

그동안의 자신의 고생담을 얘기하는 엄마의 표정이 무척 밝아서 인상에 남는다.

말수가 적은 아이의 문제를 해결하기 위해 실제로 아이와 마주하게 되면 '활발하게 말하도록 하는 것'이 얼마나 어려운 일인지를 깨닫게 될 것이다. 상당한 시간과 노력이 필요한 일이므로 전문가의 상담을 받거나 여러 가지 방법을 찾고, 대책을 세워 실행에 옮기도록 하자. 그 시작은 빠르면 빠를수록 좋다.

부모의 마음을 담은 따뜻한 말투는 아이 감정을
풍요롭게 하고, 부모와 아이의 관계를 개선하고,
아이가 부모의 말을 따르게 만든다.
말투는 생활에서 반복되면, 습관이 된다.
또한, 잔소리하거나 마음 상하지 않고도
아이를 변화시킬 수 있는 힘이 부모의 말투에 있다.
아이와의 바른 대화법으로 가정의 화목과 아이의
미래를 성장시킬 수 있다.

끝내며

"부모의 말투가 달라지면
아이의 미래가 바뀐다!"

이 책을 읽으신 부모들은 자신이 아이를 어떤 식으로 대해왔는지 돌이켜보고, 지금까지 아이를 대했던 자신의 태도가 잘못되지는 않았는지, 아이에게 말하는 방식이 좋지 않았던 건 아닌지 되돌아보는 계기가 되었을 것이다. 어쩌면 후회하고 있는 사람들도 있을 것이다.

그러나 자신의 잘못이나 문제점을 깨닫지도 못한 채 아무런 생각과 노력 없이 건성으로 아이를 대하기보다는, 이 책에서 깨달은 바를 바탕으로 자녀 교육의 질을 바꾸고 아이의 성장에 좋은 영향을 끼치게 된다면 그것이야말로 소중한 일일 것이다.

예를 들어 '부모는 의연해야 한다.'는 가치관을 자신의 교육 방침으로 삼아 아이에게 전달하려고 할 때에 어떤 태도로, 어떤 말로 전하는 것이 의연한 것인지, 확실한 기준을 가지고 있는 사람은 거의 없을 것이다. 어떤 부모는 '의연하다'라는 의미를 늘 아이 앞에서 엄격하게 행동해야 한다고 생각하거나, 아이를 통제하는 것이라고 받아들이기도 한다. 그래서 자신의 생각을 강요하고, 격한 말투로 야단치고, 아이의 말에 귀를 기울이지 않고, 경우에 따라서는 발끈해서 손이 올라가기도 한다. 이러한 언행을 의연함이나 엄격함이라고 착각하고 있는 경우도 적지 않다.

그러나 이 책에 설명한 대화법을 참고로 하여 아이에게 부모의 생각을 어떻게 전달할 것인지 진지하게 생각하고 실행에 옮긴다면 부모의 자녀 양육 방법에 대한 올바른 가치관을 확립할 수 있을 것이다. 우리 가정의 교육방침과 부모의 자세를 확고히 하게 될 것이다.

요컨대 어떤 경우든 자녀에게 이야기할 때 적당히 발언하지 않고, 발언의 목적과 효과를 의식하면서 대화하게 될 것이다.

사실은 나 또한 화법 전문가이면서도 자녀 교육면에서는 "아뿔싸!"하고 반성하게 되는 경우가 많았다. 아이가 하는 질문에 어떻게 대답해야 좋을지 고민하고, 자신의 생각을 어떻게 전달하는 것이 최선일지 고민하고, 지금까지 길러온 화법의 노하우를 전혀 살리지 못하는 현실에 직면하여 쩔쩔 매곤 했다.

그리고 화법연구소 선생님들, 베테랑 어머님들, 유아 교육 프로들의 지혜와 여러 사람들의 도움을 받으면서 나 역시 여전히 아직도 발전선상에 있는 부모라고 느끼고 있다. 그렇기에 많은 분들의 도움을 받아가며, 나름대로 고민하고 숙고하여 얻은 결과를 이 세상 자녀 교육에 고군분투하고 계신 부모들에게 전하고 싶었다. 혼자서, 혹은 부부 둘이서만 고민하는 것은 괴로운 일이기 때문이다.

아이의 성장과 배움을 응원하는 일로 부모도 또한 성장하고 배워나간다는 것을 새삼 실감하고 있다. 여러분도 자신이 부모로서 성장할 수 있었다는 것을 실감하게 되기를 바란다.

우치다 겐지

1PUN DE TAISETSU NA KOTO WO TSUTAERU
OKAASAN NO "HANASHIKATA"
Copyright © 2014 by Kenji UCHIDA
All rights reserved.
First original Japanese edition published by PHP Institute, Inc., Japan.
Korean translation rights arranged with PHP Institute, Inc.
through Eric Yang Agency, Inc.

• 이 책의 한국어판 저작권은 Eric Yang 에이전시를 통해 저작권사와 독점 계약한 퍼스트 페이지에게 있습니다.
• 저작권법에 의해 한국 내에서 보호를 받는 저작물이므로 무단 전재와 무단 복제를 금합니다.